# 알쓸신잡

SEASON 1

알아두면 쓸데없는 신비한 잡학사전

# 알쓸신잡

## SEASON 1

양정우 · 양슬기 · 이향숙 · 문지은 지음

BLOSSOM
BOOKS

# 꼭 웃기는 게 전부가 아니구나

요즘에도 가끔씩 〈알쓸신잡〉의 첫 촬영지 통영으로 향하던 때를 떠올리곤 한다. 멍하니 차창 밖을 바라보면서, 머릿속으로 참 많은 생각이 오갔다. 과연 재미있을까? 사람들이 정말 이런 포맷을 좋아할까? 카메라 스무 대가 돌아가는 촬영장 분위기를 출연진이 어색해하면 어떡하지? 뭐 그런 생각들이었다. 첫 촬영이야 언제나 걱정되기 마련이지만, 〈알쓸신잡〉은 특히 더 그랬다. 왜냐하면 내가 그때껏 기획하고 연출한 여느 프로그램과 달라도 너무 달랐으니까.

이 프로그램에 대해 아이디어를 낸 건 후배인 양정우 PD였다. 박학다식하기로 소문난 그가 이번에는 지적인 예능을 해보고 싶다는 이야기를 꺼냈다. 처음에는 말도 안 된다고 딱 잘랐다. 예능 프로그램 기획의 철칙은 '새롭되 새롭지 않은 것'이다. 이미 방영된 프로그램보다 새로운 면이 있어야 하지만, 지나치게 낯선 포맷은 곤란하다는 뜻이다. 양정우 PD가 낸 의견, 그러니까 '각 분야 잡학박사들이 여행을 다니면서 지적인 수다를 띤다'는 포맷은 시청자들이 익숙하게 받아들이기가 어려울 것 같았다.

그러나, 그럼에도, 그 순간 몇 가지 생각이 머릿속을 스쳐 지나갔다.

우선은 나와 거의 10년째 함께 작업 중인 방송작가이자, 팟캐스트 전도사인 동료 이우정 작가의 얼굴이었다. 그녀는 내게 몇 년째 팟캐스트를 강권 중이었다. "팟캐스트가 뭐가 재밌는데?" 하고 물으면, 무언가를 새롭게 알아가는 과정이 재미있다는 대답이 돌아오곤 했다.

다른 하나는 그즈음 방송사마다 하나둘 시작한 강연 프로그램들이었다. 예능계의 메인스트림이 바뀌었다곤 할 수 없지만, 어쨌든 강연회의 모습을 띤 프로그램들이 자리를 잡아가고 있었다. 사람들이 이런 걸 좋아하는구나, 꼭 웃기는 게 전부가 아니구나, 하는 묘한 깨달음이 찾아왔다.

그리고 고백하건대 약간의 욕심도 고개를 들었다. 나도 한번 지적이고 무게감 있는 프로그램을 해보고 싶었다. 게다가 양정우 PD가 〈알쓸신잡〉 이야기를 꺼냈을 때는 마침 〈윤식당〉의 대성공으로 후속 프로그램에 대한 부담이 한결 줄어든 시기였다.

좋아, 한번 해보자. 그렇게 〈알쓸신잡〉의 첫 장을 펼쳤다.

내 우려와 달리 〈알쓸신잡〉은 성공을 거두었고, 어느새 두 번째, 세 번째 시즌까지 이어졌다. 심지어 책을 써보자는 제안까지 받았다. 2019년 여름, 그러니까 〈알쓸신잡〉의 첫 번째 시즌이 방영되고 해가 두 번 바뀌었던 때였다. 혹시나 하고 후배 PD와 작가들에게 소식을 전하니 덥석 하겠다는 대답이 돌아왔다. 이미 경험을 해봐서 출판이 얼마나 고생스러운 일인지 아는 나로서는 '그렇게 만만히 보면 안 될 텐데?' 싶은 마음이었지만, 한편으로는 이들의 자신감에 근거가 있다는 생각도 들었다. 〈알쓸신잡〉을 만드는 동안 우리도 모두 반쯤은 잡학박사가 되었으니까.

〈알쓸신잡〉이 우리에게 안겨준 기쁨은 다른 프로그램과 사뭇 달랐다. 좋은 도서들이 소개되었고, 뜻깊은 장소들이 조명되었다. 그리고 무엇보다 텔레비전이 바보상자가 아니라는 것을 증명했다! 우리는 그런 일들을 뿌듯하고 기쁘게 생각한다. 책이라는 매체를 통해 우리가 방송으로 보여주었던 내용을 조금 더 뜻깊게 되새김할 수 있지 않을까 싶다.

요즘 나는 〈알쓸신잡〉의 첫 촬영을 떠나는 마음으로 책이 완성되길 기다리고 있다. 사람들이 방송만큼 책을 좋아해줄까? 네 명의 저자가 출연진의 입담을 글에 온전히 담아냈을까? 방송보다 재미가 덜하면 어떡하지? 지금도 그런 걱정이 머릿속을 떠돈다.

부디 『알쓸신잡』을 재밌고 유익하게, 그리고 쓸 데 있게 읽어 주었으면 한다.

2020년 5월

나영석

# 차례

## 일러두기

- 본문에 사용된 기호 『　』'는 도서명, 「　」'는 소설, 시, 에세이 등의 작품명입니다. 이외에 영화명, 방송프로그램명 등은 〈　〉'로 표기하였습니다.
- 이 책은 본문 사실 대조에 『한국민족문화대백과사전』을 참고하였습니다.
- 본문에 사용된 사진의 저작권은 다음과 같습니다.

# CHAPTER 1

# 역사와 사랑, 예술이
# 맛깔나게 살아 있는
# '통영'

# ✦ 제대로 판이 깔렸다

촬영장으로 향할 때, 대개는 편안한 기분으로 나선다. 그때가 되면 이미 많은 것이 결정된 상태라 더 고민할 게 없기 때문이다. 힘들고 어려운 시간을 지나 비로소 촬영에 들어가는 것이다. 치열한 아이디어 회의를 거쳐 프로그램의 콘셉트를 잡고, 출연진을 섭외하고, 촬영지를 선정하고, 촬영지와 관련된 자잘한 사항들을 점검하고, 출연진의 동선을 계획하고……. 촬영장으로 간다는 것은 그런 단계가 모두 마무리됐다는 의미다. 그래서 그때부터는 모든 것을 천운에 맡기는 수밖에 없다.

한데 〈알쓸신잡〉은 촬영 때까지 이런저런 걱정이 끊이지 않았다. 쌤('쌤'은 촬영장에서 네 명의 잡학박사를 부르던 말인데, 여기서도 그대로 사용하기로 한다)들이 나누는 '지적이고도 재미난 수다'가 이 프로그램의 뼈대인데, 그건 제작진이 미리 준비할 수 있는 것이 아니기 때문이다. 예측이 불가능했기에 불안했지만, 또 그만큼 기대도 되었다. 제작진이 할 수 있는 건 그저 최대한 좋은 판을 찾아 그곳으로 쌤들을 안내하는 것이었다.

이야기보따리를 풀어낼 자리는 제대로 마련했다. 영석 선배 (현장에서 나영석 PD는 남자 스태프들에게는 '영석이 형'으로, 여자 스태프들에게는 '영석 선배'로 불리는데, 여기서는 '영석 선배'로 통칭 하기로 하자)가 항상 하는 말이 있다. 모든 프로그램은 두괄식으로 구성되어야 한다는 것. 가장 재미난 것, 가장 호기심을 끌 만한 소재는 첫 회에 나와야 한다는 뜻이다. 통영이 첫 번째 여행지가 된 것은 그런 의미에서였다. 아름다운 바다가 있는 도시인 데다, 여러 이야기가 중첩된 공간이라는 점이 〈알쓸신잡〉의 기획 의도와 가장 잘 어울렸다. 이순신 장군이 활약했던 조선 수군의 중심지, 박경리 작가의 고향이자 묘소가 안치된 곳. 그뿐인가. 백석 시인이 첫사랑을 만나러 온 도시이기도 하니 풀어낼 이야기가 제법 되겠다 싶었다.

걱정과 설렘으로 두근거리는 마음의 제작진과 그에 반해 너무 담담해 보이는 출연진을 태운 버스가 통영에 도착한 건 2017년 늦봄, 영하쌤의 표현에 따르면 "햇볕이 바삭바삭한" 어느 날이었다.

# 이순신 장군은 왜군과의 해전, 잡학박사님들은 점심 메뉴 설전

네 명의 쌤이 가장 먼저 들른 곳은 통영을 조망할 수 있는 케이블카 탑승장이었다. 시민쌤은 사전 모임에서부터 통영에선 반드시 케이블카를 타야 한다고 주장했다. 쌤들의 탑승에 뒤이어 케이블카에 타보니 왜 그랬는지 단숨에 알 수 있었다. 아래로는 아름다운 다도해가 내려다보이고 머리 위로는 바닷바람이 솔솔 흘러들었다. 그게 전부가 아니었다. 종착지에 내려서 미륵산 전망대에 서니 섬으로 첩첩이 둘러싸인 아름다운 바다가 파노라마처럼 펼쳐졌다. 이 아름다운 바다가 과거 임진왜란의 격전지 중 하나였다니, 믿기지 않을 정도였다.

이순신은 이곳 한산도 앞바다로 왜군을 유인하여 대승을 거두었는데, 그 전투가 바로 임진왜란의 3대 대첩으로 꼽히는 한산도대첩이다. 조선군은 이 전투로 불리하던 임진왜란의 전황을 단번에 역전시켰으며, 일본군의 수륙병진 계획을 무너뜨렸다. 통영은 한때 조선 수군의 요충지였다. 통영이라는 지명부터가 임진왜란 때 이곳에 삼도수군통제영이 설치되면서 붙여졌다. 이 통제영이란 말이 줄어 '통영'이 된 것이다. 예전에는

'충무'라고도 불렸는데, 이는 초대 통제사인 이순신의 시호 충무공에서 따온 말이다.

미륵산 전망대에서 이순신과 통영에 대해 한참 수다를 떨던 쌤들은 이내 점심으로 무엇을 먹을지를 두고 설전을 벌였다. 여행지에서는 새로운 식당에 도전해야 한다는 시민쌤과 통영까지 왔으니 검증된 맛집에 가자는 교익쌤. 맏형들의 대결이었다! 두 사람 사이에서 갈팡질팡하던 MC희열은 결국 시민쌤을 따라 해물뚝배기집으로 갔다. 교익쌤은 홀로 제철인 도다리쑥국을 먹었고, 영하쌤은 신선한 해물로 만든 짬뽕을 먹어보겠다며 미리 알아둔 중국 식당으로 향했다.

쌤들이 모두 함께 해산물로 유명한 식당을 찾아갈 줄 알았다. 대한민국 최초의 맛 칼럼니스트 교익쌤이 있으니 당연한 수순 아니겠는가. 그런데 웬걸, 예상은 보기 좋게 빗나갔다. 그야말로 예측 불허였다. 그런데 아이러니하게도 그제야 첫 촬영의 긴장감을 조금이나마 내려놓을 수 있었다. 점심 먹을 식당을 두고 한참 입씨름을 하다가 뿔뿔이 흩어지는 잡학박사들이라니……. 방송 분량은 걱정 없겠다 싶었다. 이제는 수다스럽고 개성 넘치는 쌤들에게 운전대를 맡기기로 했다. 제작진은 이들이 바라본 통영을 카메라에 담으면 그뿐이었다.

시민쌤은 사전 모임에서부터 통영에선 반드시
케이블카를 타야 한다고 주장했다.
아래로는 아름다운 다도해가 내려다보이고
머리 위로는 바닷바람이 솔솔 흘러들었다.

# ✨수수께끼의 전함과
# 이순신의 아주 사적인 기록

점심을 먹은 시민쌤과 MC희열은 강구안으로 향했다. 강구안은 바닷물이 육지를 옴폭하게 파고든 아름다운 항구로, 어선들과 함께 복원된 거북선, 판옥선이 정박해 있다. 전함 안으로 들어가서 관람할 수도 있는데, 내부에는 포를 쏘거나 노를 젓는 모습의 인형들이 전시되어 있다. 지휘관을 위한 선실도 제법 그럴듯하다. 다만 거북선의 경우 현재까지 남아 있는 설계도가 없어서 정확한 재현이라 보기는 어렵다고 한다.

거북선은 명성에 비해 전해지는 정보가 많지 않은 수수께끼의 전함이다. 흔히 임진왜란 때 거북선이 처음 발명되었다고 알고 있지만, 조선 초기 태종 대에도 거북선에 대한 기록이 남아 있다. 그런데 이때는 외양이나 규모에 대한 언급이 없어서, 임진왜란 때 사용된 거북선과 같은 배인지는 확신하기 어렵다. 이순신의 『난중일기』에는 거북선을 만들 재료를 모으거나 배에 설치된 대포를 실험한 기록이 남아 있는데, 여기에도 거북선을 누가 발명했는지, 혹은 누가 설계했는지에 대한 구체적인 이야기는 적혀 있지 않다. 그렇지만 어쨌거나 부정할 수 없는 사실은, 이순신이 직접 구상한 것이 아니더라도 거북선이란 군함을 축조하고 활용하려면 당시 통제사였던 이순신의 결단이 필요했다는 것이다.

바다 위에서 거북선의 활약은 무척 중요했다. 임진왜란 당시 일본군은 작고 낮은 배를 만들어 적선에 빠르게 접근한 다음, 적의 배로 뛰어올라 육탄전을 벌이곤 했다. 하지만 갑판에 덮개를 씌우고 철침을 세운 거북선에서는 어림없는 일이었다. 게다가 거북이 모습을 한 특이하고 무서운 외관에, 용머리와 양옆으로 포를 쏘아댔으니 해전에서의 그 존재감은 능히 짐작하고도 남겠다.

거북선 이야기는 자연스럽게 이순신과 『난중일기』에 대한 수다로 넘어갔다. 나중에 편집을 하며 알게 된 사실인데, 『난중일기』 이야기는 통영의 거의 모든 자리에서 등장했다. 케이블카에서도, 미륵산 전망대에서 다도해를 바라보면서도, 일정을 마치고 저녁을 먹으면서도 쌤들은 이순신과 『난중일기』 이야기를 멈추지 않았다. 저녁 식사 자리에서 MC희열은 자신을 제외한 쌤들 모두가 『난중일기』를 읽었다는 사실을 알고 충격에 빠지기까지 했다. 그건 제작진도 마찬가지였다. 결국 촬영 이후 부랴부랴 생겨 읽었지만 완벽하게 읽었다고 하기에 부족하나. 그런데 쌤들이 짚어준 몇몇 대목에서 깨달은 놀라운 사실이 있다. 『난중일기』는 지루한 역사책이 아니라 누군가의 지극히 사적인 일기라는 것. 그리고 남의 일기를 훔쳐보는 일은 시대를 막론하고 재미있다는 것.

'난중일기'라는 근사한 이름은 이순신이 직접 지은 것은 아니다. 조선 후기 정조 대에 이순신의 글을 모은 『이충무공전서』가 출판됐는데, 이 책의 편찬자들이 임진왜란 중 쓰여진 글들을 '난중일기'라 부르면서 이것이 이순신의 일기를 부르는 말로 굳어졌다고 한다.

지극히 사적인 일기라고 했거니와, 이순신은 그곳에 사소한 일상에서부터 깊은 속 이야기까지 솔직하게 털어놓았다. 이를테면 부하들과 즐겁게 술을 마셨다거나 꿈에서 한쪽 눈이 먼 말을 보았다거나 흰머리를 뽑으며 나이 든 어머니를 생각한 일, 피난을 가던 백성들이 자신을 보고 통곡하던 일 등을 상세히 기록하고 있다. 그뿐 아니라 주변 인물들을 거침없이 평가한 대목도 많고, '이렇게 훔쳐봐도 되나?' 싶을 정도로 지극히 내밀한 이야기가 담겨 있어 읽는 재미가 쏠쏠하다.

> 갑오년 2월 3일 임자. 맑음. 새벽꿈에 한쪽 눈이 먼 말을 보았다. 무슨 징조인지 모르겠다.
> —『교감완역 난중일기』(노승석 옮김, 도서출판 여해, 2019), p. 189

계사년 6월 12일 을미. 비가 오다 개다 했다. 아침에 흰 머리 여 남은 올을 뽑았다. 그런데 흰 머리를 어찌 꺼리랴만 다만 위로 늙으신 어머님이 계시기 때문이다.

— 같은 책, p.146

정유년 8월 6일 갑자. 맑음. 아침 식사 후 길에 올라 옥과 땅에 이르니 순천과 낙안의 피난민들이 길에 가득히 쓰러져 남녀가 서로 부축하며 갔다. 그 참혹한 모습을 차마 볼 수 없었다. 그들은 울부짖고 곡하며 말하기를, "사또께서 오셨으니 우리들에게 살 길이 생겼다."라고 하였다.

— 같은 책, p.470

물론 가장 많이 등장하는 내용은 군대와 관련된 이야기다. 이순신은 군인으로서 자신의 업무와 군대 내의 이야기를 건조하게 기록했다. 여기에 빠지지 않고 꼬박꼬박 기록한 것은 날씨 정보! 바다에 배를 띄우는 수군이었으니 날씨는 무엇보다 중요했을 터. 별다른 내용 없이 날씨에 대해서만 적어놓은 날도 많다. 쌤들은 어린이용 일기장에 날씨를 표시하게 하는 것도 『난중일기』의 영향이 아니겠느냐고 추측했는데, 그럴듯했다.

〈알쓸신잡〉을 비롯한 각종 야외 녹화 프로그램에서도 날씨는 중요한 요소다. 그날의 조도나 비바람의 유무에 따라 촬영의 결과물이 크게 달라지기 때문이다. 앞으로의 촬영에 화창한 날씨만 이어지길 마음속으로 기원했다. 그러다 문득, '예능 난중일기'를 써보는 것도 재미있겠다 싶었다. 어쩜 이렇게 일 벌이는 아이디어는 멈추지를 않는지.

# ✨사랑스러운 이순신,
## 그의 숨결까지 완벽하게 함께한 날!

한참 동안 이순신 이야기를 나누던 쌤들은, '우리나라 사람들은 어째서 그렇게 이순신을 사랑하는가?'라는 질문에 이르렀다. 영하쌤이 명쾌한 해석을 내놓았는데, 이순신은 사랑받는 캐릭터들이 가지는 세 가지 조건을 모두 갖추고 있다는 것이다. 세 가지 조건이란 다음과 같다.

첫째, 충분한 시련을 겪는다.
둘째, 분명한 목표가 있다.
셋째, 적어도 한 번은 기회를 잡는다.

잘 알다시피 이순신에게는 시련이 많았다. 바다 너머에선 침략 준비가 한창인데, 조선 조정은 전쟁의 심각성을 제대로 인식하지 못한 채 태평하기만 했다. 병력과 군함은 턱없이 모자랐고, 몸은 자주 아팠다. 심지어 힘을 합해야 할 동료 장수인 원균은 이순신을 모함하기 마빴다. 이렇게 첫 번째 조건이 갖추어진다. 다음으로, 이순신에게는 시련에 굴하지 않고 왜구로부터 조선의 바다를 지키고자 하는 분명한 목표가 있었다. 두 번째 조건도 클리어. 마지막으로, 무과에 급제하여 장수가 됐고, 적을 상대할 열두 척의 배를 가졌다는 것에서 상황을 타개할 기회도 잡았다.

이순신은 영하쌤의 이론에 완벽하게 부합하는 인물이었다. 만약 그중 한 가지라도 결여됐다면 어땠을까? 무과에서 떨어져 장수가 되지 못했거나 나라와 백성을 지켜야겠다는 목표가 없었다면? 혹은 커다란 시련 없이 조정과 동료 장수들의 도움을 받아 전장에 나설 수 있었다면 말이다. 그렇다면 소설과 영화에서 이순신을 주인공으로 만나지 못했을지도 모른다. 이순신이 우리가 아는 바로 그 이순신이어서 다행이라는 생각을 해본다.

저마다 이순신 장군 이야기를 풀어놓는 와중에 그때까지 별말 없이 주로 듣고만 있던 재승쌤이 자신도 할 말이 있다고 했다. 워낙에 다른 쌤들이 끊이지 않고 이야기를 하니까, 미리 자신의 이야기를 중간에 끊어서는 안 된다는 당부를 하고 나서 재승쌤의 이야기가 시작됐다.

고교 시절, 통영으로 수학여행을 온 재승쌤은 선생님의 지시에 따라 이순신 장군의 동상 앞에서 1분 동안 묵념을 했다. 그때 선생님이 학생들에게 이순신의 숨결을 느껴보라고 했다. 집으로 돌아오는 길, 과학 소년 재승쌤의 머릿속에는 한 가지 생각이 떠나지 않았다. 이순신의 숨결을 느끼는 일이 과학적으로 과연 가능한지 궁금했던 것이다. 재승쌤은 친구들과 머리를 맞대고 이순신의 숨결을 계산해보았고, 실제로 그것을 느낄 수 있음을 증명하는 데 성공했다고 한다.

재승쌤과 친구들은 보통 사람이 숨을 내쉴 때 공기를 얼마나 내뱉는지부터 계산했다. 통상적으로 인간은 한 번에 약 500밀리리터 정도의 숨을 내쉰다. 횟수로 따지면 3~4초에 한 번씩이다. 이를 계산하면 1분 동안에 약 18번, 한 시간에 약 1,000번이다. 1년이면 900만 번이 넘는다. 이렇게 내쉰 숨의 부피를 계산하면 473만 리터 정도. 이순신 장군이 향년 53세로 돌아가셨으니, 그가 내뱉은 날숨의 양은 약 2억 5천 리터가 넘는다는 계산이다. 이 2억 5천 리터의 기체 분자들이 지구 대기에 균등하게 퍼져 있다고 가정할 때, 이 분자의 수를 아보가드로의 수를 이용하여 계산하면 상당히 큰 수가 나온다. 그러니 아마도 우리는 이미 이순신의 숨결을 들이마셨을지 모른다.

과학이 이런 것이었다니. 이 이야기로 통영의 토크 왕은 재승쌤이 되었다. 이 이야기를 뒤로 넘어갈 정도로 좋아했던 시민쌤은 "이런 이야기를 들으려고 이 프로그램을 하는 거다"라며 흥분을 감추지 못했다.

● **인간이 하루에 숨을 내쉬는 횟수**

　1시간: 60분 × 18회 = 1,080회

　하루: 24시간 × 1,080회 = 25,920회

　1년: 365일 × 25,920회 = 9,460,800회


● **1년 동안 내쉬는 공기의 양**

　= (한 번에 내쉬는 공기의 양 500㎖) × (내쉬는 횟수)

　= 500㎖ × 9,460,800회

　= 4,730,400,000㎖

　= 약 4,730,000ℓ


● **이순신이 53년 동안 내쉰 공기의 양**

　(1년 동안 내쉬는 공기의 양) × (이순신의 나이 53세)

　= 4,730,000ℓ × 53년

　= 약 2억 5천ℓ

# ✦ 『토지』 완독 가즈아~

　해물짬뽕으로 만족스러운 식사를 마친 영하쌤은 혼자서 박경리기념관으로 향했다. 그는 박경리 작가를 생전에 직접 만난 적도 있다고 했다. 많은 후배 여성 문인의 든든한 버팀목이었던 박경리 작가이기에 전해오는 미담도 많았지만, 여성이 쓴 글을 제대로 된 문학으로 취급해주지 않던 시절부터 꿋꿋하게 창작 활동을 이어와 대하소설을 완결하기까지, 박경리라는 이름은 그 존재만으로 후배 문인들에게 큰 힘이 되었을 것이다.

　후배 문인뿐만 아니라 통영 사람들에게도 박경리는 자랑스러운 이름이다. 그도 그럴 것이 박경리 작가는 통영에서 나고 자랐고, 자신의 고향 통영을 배경으로 한 『김약국의 딸들』을 펴내기도 했다. 『김약국의 딸들』은 대대로 약국을 운영하며 통영 유지로 살아가던 한 집안이 현대사의 소용돌이에 휘말려 몰락하는 이야기다.

　박경리 작가의 대표작을 꼽으라면 단연 『토지』라 할 수 있다. 『토지』는 26년에 걸쳐 연재된 대하소설로, 한말부터 일제강점기에 이르기까지 700여 명에 달하는 인물이 등장하는 엄청난 스케일뿐 아니라 담고 있는 이야기 또한 깊이 있고 다채롭다. 그런데 출연진과 제작진을 통틀어서 『토지』를 완독한 이는 시민쌤 한 명뿐이었다. 시민쌤은 박경리 작가의 열성 팬임을 자처했는데, 이를 증명이라도 하듯 강구안 다음 장소인 박경리문학관으로 가는 내내 『토지』 이야기가 끊이지 않았다. 저녁 자리에서 『토지』 이야기를 먼저 꺼낸 것도 시민쌤이었다. MC희열이 『토지』가 어째서 좋은 작품이냐고 묻자, 고심 끝에 돌아온 답변은 "인간에 대한 이해가 잘 드러났다"는 것. 시민쌤의 말에 따르면 『토지』에는 두 종류의 악이 표현되는데, 나쁜 제도가 빚는 악과 나쁜 개인이 만드는 악이 그것이다. 흔히 나쁜 제도를 운용하는 악인과 그들에게 희생되는 선한 사람들로 세계를 바라보지만, 사실 세계는 그렇듯 선악이 명쾌하게 나뉘지 않는 경우가 많다. 『토지』에는 나쁜 제도 속에서도 인간애를 발휘한 지주들과 나쁜 제도를 더욱 악랄하게 활용한 지주들, 그리고 제도의 희생자이면서도 또 다른 지점에서는 가해자가 되었던 소작농들과 꿋꿋이 불의에 저항한 사람들처럼 다양한 인간 군상이 등장하여 저마다의 이야기를 풀어낸다. 시민쌤의 말에 따르면 1권만 읽어도 책의 백미를 맛볼 수 있다니, 긴 분량에 너무 두려워하지 말고 우선 책장을 펼쳐야겠다.

후배 문인뿐만 아니라
통영 사람들에게도
박경리는 자랑스러운 이름이다.

# ✦ 사랑의 아픔을 담은 도시이자 '힙스터들의 성지'

샘터엔 오구작작 물을 긷는 처녀며 새악시들 가운데 내가 좋아하는 그이가 있을 것만 같고

내가 좋아하는 그이는 푸른 가지 붉게붉게 동백꽃 피는 철엔 타관 시집을 갈 것만 같은데

(……)

녯 장수 모신 낡은 사당의 돌층계에 주저앉어서 나는 이 저녁 울 듯 울 듯 한산도 바다에 뱃사공이 되여가며

녕 낮은 집 담 낮은 집 마당만 놓은 집에서 열나흘 달을 업고 손방아만 찧는 내 사람을 생각한다

— 백석, 「통영」(『白石詩全集』, 창비, 1987) 부분

 

 

교익쌤은 점심을 먹고 곧장 충렬사로 향했다. 충렬사는 이순신의 위패를 모시고 제향을 올리는 사당이다. 그런데 교익쌤이 충렬사를 찾아간 이유는 이순신이 아니라 백석 때문이었다. 충렬사 건너편에는 백석의 시 「통영」이 새겨진 시비詩碑가 서 있다. 쌤들이 모두 모인 저녁 식사 자리에서 교익쌤은 이 시를 낭

송해주기도 했다.

　스물넷 청년이던 백석은 친구의 결혼식에서 만난 열여덟 살의 통영 아가씨 '난'에게 첫눈에 반했다고 한다. 이후 백석은 난을 만나러 통영에 몇 번 찾아가지만, 길이 엇갈려 만나지 못한다. 대신 통영 시내가 환히 내려다보이는 충렬사 돌계단에 앉아 하염없이 난을 기다렸는데, 이때의 경험을 바탕으로 쓴 시가 바로 「통영」이다. 시를 읽다 보면 통영에서 마주친 여성들 중 난이 없나 살펴보는 청년 백석이 눈에 그려질 듯하다. 백석 시인에겐 미안하지만, 시인의 아픈 연애사 덕분에 그날 저녁 식사 자리는 물론 〈알쓸신잡〉 통영 편이 더욱 풍성해졌다. 사랑 이야기는 언제나 옳다.

　통영을 거쳐 간 예술가는 백석만이 아니었다. 한국 근대 서양화의 선구자로 알려진 이중섭은 1952년부터 2년 동안 통영에 머물며 자신의 역작인 〈흰소〉와 〈황소〉를 완성했다. '바다의 화가'라 불리는 전혁림은 통영에서 태어나 통영을 소재로 한 작품을 창작했다. 「꽃」으로 유명한 김춘수 시인, 독일에서 활동한 세계적인 음악가 윤이상 역시 통영 출신이다. 하여 통영의 또 다른 수식어는 바로 '예술의 고장'이다. 이에 대한 주민들의 자부심도 대단한데, 촬영 중 만난 한 음식점 사장님은 통영만큼 예술가를 많이 배출한 지역이 없다고 호언했다.

통영에 어째서 그렇게 많은 예술인이 모이게 되었는지에 대한 이야기는 저녁 자리까지 이어졌다. 한때 통영에 돈이 많이 돌았기 때문이 아니냐는 것이 중론이었다.

일제 강점기에 통영은 일본 자본이 들어오던 항구도시였다. 항구를 통해 왕래하던 외지인들도 많았다. 한마디로 자본과 사람이 몰리던 공간이었는데, 그러다 보니 예술가들의 교류도 활발히 일어났다. 당시 통영에 머물던 예술가들은 요즘의 '크루' 개념과 비슷한 통영 문화 협회를 만들어 함께 예술 활동을 하기도 했다고 한다. 요즘으로 치면 '힙의 성지'가 아니었을까 싶다.

재승쌤이 이와 관련된 연구를 소개했다. 바로 이론물리학자 제프리 웨스트의 이론이다. 제프리 웨스트는 사람들이 도시로 몰려드는 이유에 호기심을 품었다. 도시는 집값이 비싼 데다 인구밀도가 높아 일자리 경쟁도 치열하다. 반대로 도시에서 조금만 떨어져도 적은 돈으로 넓은 공간을 누리면서 덜 경쟁적으로 살아갈 수 있다. 그런데 왜 사람들은 도시로만 몰려드는 것일까? 제프리 웨스트는 그 이유를 대도시가 제공하는 상호작용에서 찾아냈다. 그는 한 도시의 인구가 두 배 늘어날 때마다 그 도시의 임금과 부, 특허 건수 등이 정비례로 증가하며, 여기에 15퍼센트의 추가적인 증가가 있음을 밝혔다. 도시에 모여 사는 사람들이 만드는 다양한 상호작용이 부와 창의력의 증가로 이어진다는 것이다.

그러니 한때 통영으로 예술가들이 몰려들었던 것도 이해가 간다. 소설가, 화가, 음악가 등이 함께 어울리며 발전을 도모하던 통영에서, 예술가들은 새로운 도약을 기대했을 것이다.

# ✦ 여기가 셀카 스폿!

통영에는 동피랑, 서피랑, 북피랑이 있는데, 각각 동쪽과 서쪽, 북쪽에 있는 벼랑을 뜻한다. 이중 동피랑은 벽화마을로, 서피랑은 서포루와 99계단으로 유명하다.

시민쌤과 MC희열은 서피랑 고개를 올라 서포루를 구경했다. '포루'란 포를 설치한 시설물을 말하는데, 서피랑에 올라보면 왜 이곳에 포루가 설치되었는지 단숨에 이해할 수 있다. 높은 벼랑이라 사방으로 통영의 시내와 바다를 모두 내려다볼 수 있으니 포를 놓고 적의 접근을 감시하기 안성맞춤인 것이다.

물론 이는 과거의 이야기이고, 지금의 서포루는 통영 시내를 조망하는 전망대 역할을 톡톡히 한다. 따라서 사진을 찍기에 최적의 장소이다. 여기서 셀카를 찍으면 통영의 바다와 시내가 한 컷에 담긴다. 쌤들 역시 이곳에서 셀카 삼매경에 빠졌다. 주황빛 노을이 지는 통영의 바다를 바라보며 불어오는 바람을 맞으니, 긴장을 놓을 수 없는 촬영지에서 예기치 못한 선물을 받은 듯했다.

색색의 벽화들이 그려진

낡은 동피랑의 담벼락은

인생 사진을 찍으려는

관광객들의 발목을 붙잡는다.

동피랑 벽화마을 또한 화면에 담지 않을 수 없었다. 쌤들이 따로 방문하지 않아서, 후속 촬영 팀 몇 명이 다녀왔다. 동피랑은 통영의 역사 유적들과는 다른, 오늘의 통영을 만날 수 있는 곳이다. 색색의 벽화들이 그려진 낡은 동피랑의 담벼락은 인생 사진을 찍으려는 관광객들의 발목을 붙잡는다. 또한 마을 여기 저기에 개성 넘치는 카페들도 많다.

동피랑은 2007년까지만 해도 상대적으로 낙후된 주택가였다. 이 때문에 통영시는 동피랑 마을을 철거할 계획이었는데, 한 시민단체가 마을을 그대로 두고 담벼락에 벽화를 그려보자는 이색적인 제안을 했고, 이 제안으로 동피랑의 운명이 바뀌었다. 벽화를 그릴 사람들을 모집하는 공모전을 열자 미술을 전공하는 대학생, 아마추어 화가들이 통영으로 몰려들었다. 요즘 동피랑은 통영 여행의 필수 코스다. 벽화를 감상하고, 벽화를 배경으로 사진을 찍기 위해 많은 사람이 동피랑 고개를 오른다.

사람들은 언제나 특별한 장소에 가보고 싶어 한다. 그런데 그 특별함은 우리가 생각하는 것처럼 거창하지 않을 때도 많다. 때로는 한 공간을 보전하고자 하는 노력이 곧 그 공간의 매력이 되기도 한다는 것을 동피랑을 보며 깨닫는다.

# 파스타에서 다찌집까지, 통영의 맛!

    통영에서 가장 비범한 행보를 보인 이는 바로 영하쌤이다. 다른 쌤들이 도다리쑥국, 멍게비빔밥, 해물뚝배기 등으로 식사를 할 때, 그는 난데없이 해물짬뽕을 먹겠다고 선언했다. 통영은 해산물로 유명한 지역이니, 신선한 해산물이 잔뜩 들어간 짬뽕이 맛있지 않겠냐는 것이었다. 저녁이 되자 영하쌤은 이번엔 통영국제음악당 내의 이탈리아 식당으로 향했다. 통영에서 난 해산물로 만든 이탈리아 음식을 맛보기 위해서였다. 나중에 영하쌤은 그곳에서 먹은 파스타와 리소토, 피자를 〈알쓸신잡〉 최고의 맛으로 꼽았는데, 당시 함께 식사한 스태프들도 대부분 마찬가지였다.

    그는 조금 삐딱한 미식가다. 어디를 가든 해당 지역에 대한 선입견을 뒤집는 선택을 한다. 통영에서는 중국 음식과 이탈리아 음식을 먹더니, 강릉에서는 스테이크 맛집을 찾았고, 경주에서는 캐주얼한 노천 식당에서 맥주에 피자를 즐겼다. 의외의 선택을 한다는 평에 대해 그는 작가답게 응수했다. 지방으로 여행을 갈 때면 그곳의 대표 메뉴를 맛보아야 한다고 생각하지만, 그런 생각은 '서울 중심주의'에서 비롯된 편견일 때가 많다는 것이다. 하긴 그렇다. 통영이라고 멍게비빔밥만 파는 게 아니고, 전주 사람들이라고 콩나물국밥을 매일 먹지는 않을 것이다. 그런 영하쌤 덕분에 제작진들은 각 지역의 새로운 모습을 소개할 수 있었다. 돌이켜보면 〈알쓸신잡〉다운 선택이 아닐 수 없다.

물론, 현지에서만 경험할 수 있는 맛집을 가보는 것 역시 여행의 낭만이다. 일정을 마친 쌤들은 통영의 한 다찌집에 둘러앉았다. '다찌집'은 통영의 특이한 주점 문화로, 이곳에선 메뉴판이 필요 없다. 자리에 앉으면 인원에 맞는 술상이 푸짐하게 차려지고, 술을 추가로 주문하면 그때마다 새로운 안주가 함께 나온다.

'다찌'의 어원에 대해선 이런저런 이야기가 많다. 많은 안주가 차려지는 집이니, '다 있지'라는 말에서 유래되었다고도 하고, 일본어인 '도모다찌ともだち'에서 비롯됐다는 설도 있다. 통영은 일제 강점기에 일본 어민들이 많이 살았던 곳이므로 뒤의 이야기에 조금 더 힘이 실린다. '도모다찌'는 '친구'라는 뜻의 일본어이니, 친구와 술 한잔하는 가게를 다찌집이라 불렀을지도 모른다.

중요한 것은 말의 유래가 아니라 다찌집이라는 독특한 주점 문화가 통영만의 것으로 자리 잡았다는 사실이다. 인심 좋게 차려지는 신선한 해산물 안주며 얼음이 든 양동이에 담긴 술병, 술을 주문할 때마다 추가되는 안주는 모두를 행복하게 했다. 쌤들은 반상 위에 차려진 먹음직스러운 안주를 보고 감탄을 금치 못했는데, 그건 스태프들도 마찬가지였다. 안주가 계속해서 새로 나오는 동안 스태프들은 소리 없이 입맛을 다셨다. 촬영이 끝나고서 스태프들 역시 또 다른 다찌집으로 몰려가 신선한 해산물을 실컷 먹었는데, 영석 선배는 이때 먹은 음식을 〈알쓸신잡〉 최고의 맛으로 꼽았다.

# ✨ 알아두면 쓸 데 있는 '통영'의 장소들

**미륵산 & 통영 케이블카**

통영의 케이블카는 국내 유일의 2선 자동 순환 곤돌라 방식으로 운영된다. 길이는 1,975미터로 국내의 일반 관광객용 케이블카 중에서 가장 길다.

📍 경남 통영시 발개로 205

**강구안 거북선 & 판옥선**

복원된 거북선과 판옥선을 볼 수 있으며, 내부 관람도 가능하다. 2020년 6월 현재, 도남동으로 임시.이전되어 있으나 곧 강구안의 원래 자리에 다시 전시될 예정이다.

📍 경남 통영시 중앙동

**서피랑 99계단**

박경리 작가의 소설 『김약국의 딸들』 배경이 된 곳이다. 서피랑 언덕에서는 360도로 통영을 조망할 수 있다.

📍 경남 통영시 서호동

**박경리기념관**

한국 문학사에 한 획을 그은 작가 박경리를 기념하고, 작가의 고향인 통영을 소개하기 위해 건립된 공간이다.

📍 경남 통영시 산양읍 산양중앙로 173

### 충렬사 & 백석 시비

충렬사 계단에 앉아 짝사랑하던 여인을 기다
리는 백석의 마음을 시비에서 느껴보자.

 경남 통영시 명정동

### 통영수륙해수욕장

파도가 잔잔하고 수심이 얕아 해수욕을 즐기
고 휴식을 취하기 좋다.

 경남 통영시 산양읍 영운리

### 한산도

통영에서 배를 타고 30분쯤 들어가면 나타나
는 한산도대첩의 현장이다. 이순신 장군은 주
로 이곳에서 『난중일기』를 썼다고 한다.

 경남 통영시 한산면

### 해물뚝배기

해산물이 가득한 뚝배기는 물론, 숭어회와 멸
치회무침이 밑반찬으로 제공된다.

 용궁뚝배기: 경남 통영시 항남3길 17 동양장상가

## 다찌집

통영의 특이한 주점 문화로, 자리에 앉으면 인원에 맞는 술상이 푸짐하게 차려진다.

 벅수다찌: 경남 통영시 동충2길 41-5

## 도다리쑥국

도다리와 쑥은 제철인 3월에만 맛볼 수 있는 봄철 별미다. 3월에 통영에 가게 된다면 도다리쑥국을 꼭 기억하자.

 분소식당: 경남 통영시 통영해안로 207

## 해물짬뽕

한우 사골 국물에 푸짐한 해물을 넣고 끓인 짬뽕이다. 가리비, 꽃게, 새우, 홍합이 모두 들어 있어 건더기만 건져 먹어도 배가 부르다고 한다.

 심가네 해물짬뽕: 경남 통영시 새터길 74-4 서호관

## 통영국제음악당 내 이탈리안 식당

통영국제음악당 안에 있는 이탈리아 식당으로, 신선한 해산물로 만든 파스타를 맛볼 수 있다.

 뜨라토리아 델 아르테: 경남 통영시 큰발개1길 38

✦⁺읽어두면 쓸 데 있는 **Book Pick!**

---

### 이순신의 『난중일기』

충무공 이순신이 임진왜란(1592~1598) 중에 쓴 일기다. 성웅 이순신이 아닌 인간 이순신의 기록이라 할 수 있다.

 노승석 옮김, 여해, 2019

---

### 박경리의 『김약국의 딸들』

통영을 배경으로 한 박경리 작가의 대표작이다. 격변하는 시대 속에서 고통받는 사람들과 한국 근대 사회의 문제점들을 조명한다.

 마로니에북스, 2013

---

### 박경리의 『토지』

박경리 작가가 집필한 대하소설로, 한국 문학사의 기념비적인 작품으로 손꼽힌다. 구한말부터 일제강점기에 이르기까지 민중의 삶과 고난을 다루었다.

 마로니에북스, 2012

---

### 백석의 『白石詩全集』

한국 문학사에 뚜렷한 족적을 남긴 시인 백석의 시를 모은 책이다. 북방 사투리로 아름답게 조형된 백석이 시 세계를 만나볼 ✚ 있다.

 이동순 엮음, 창비, 1987

---

43

### 제프리 웨스트의 『스케일』

샌타페이연구소 소장을 지낸 제프리 웨스트가 저술한 인류 문명에 대한 책이다. 인류의 발전과 그 발전이 다다를 곳에 대한 진지한 성찰을 담고 있다.

 이한음 옮김, 김영사, 2018

# CHAPTER 2

# 『태백산맥』부터 「무진기행」까지, 이야기의 고장 '순천·보성'

# ✨기차가 여행을 만든다!

기차를 타고 이동을 하는 촬영이 잡히면, 기차표를 예매하는 일이 다소 고생스럽다. 촬영 특성상 미리 한 량을 통째로 예매해야 하는데, 그것이 쉽지 않기 때문이다. 당연한 말이지만, 촬영 장소와 날짜가 결정되어야 기차표를 예매할 수 있는데, 그때가 되면 원하는 날짜에 '예매 좌석이 전혀 없는 열차 한 량'을 구할 수 없는 경우가 많다. 하지만 그런 일로 촬영 날짜가 변동되지는 않기 때문에 다음 단계로 돌입해야 한다. 이럴 때 쓰는 방법은 다음과 같다. 먼저 비교적 예매 좌석이 적은 칸을 선택해 나머지 표를 모두 예매한다. 그리고 다른 칸에서 우리 칸에 미리 예매된 좌석과 비슷한 위치의 좌석을 예매한다. 촬영 당일이 되면, 미리 촬영을 할 칸의 예매 승객들에게 찾아가 부탁을 드린다. 물론 맨손으로 가지는 않는다. 약소하지만 소정의 선물(보통은 〈알쓸신잡〉 기념품과 기차에서 먹을 수 있는 간단한 다과)과 미소를 준비한다. 그리고 다른 칸에 예매한 비슷한 위치의 좌석으로 자리를 바꾸어주십사 부탁을 드리면, 대개의 승객 분들은 감사하게도 흔쾌히 부탁을 들어주신다.

이렇게 기차로 이동할 때 스태프들이 느끼는 애환을 늘어놓은 이유는 두 번째 촬영지인 순천·보성으로 향하는 여정을 기차로 시작했기 때문이다. 그때에도 그 모든 과정이 결코 순탄하지만은 않았다. 그러나 그럼에도 불구하고 굳이 기차를 고집하는 때엔 다 이유가 있다. 기차에서만 얻는 것이 분명 있기 때문이다. 뜻밖에 얻게 되는 좋은 장면이 바로 그것. 이런 행운이 순천행 기차 안에서도 있었다.

서로 마주 보며 앉은 쌤들이 자연스레 커피와 빵으로 간단한 아침 식사를 했는데, 그때 창밖으로 스쳐 가는 풍경이 여행의 운치를 더하면서 그림이 제대로 나온 것이다. 그래, 이게 여행이지. 비단 그림만 좋았던 것이 아니라, 기차 이름의 변천사와 군 시절의 일화, 이슬람 문화권, 비정규직 문제 등의 이야기 또한 기차가 달려가듯 거침없이 이어졌다. 그 모습을 지켜보다가 장소가 상황을 만든다는 예능계 명언을 떠올리고는 절로 고개가 끄덕여졌다.

첫 여행과는 달리 쌤들은 잠시 눈 붙일 새 없이 수다를 떨었다. 그러는 동안 언제 시간이 흘렀나 싶게 열차는 순천역으로 미끄러져 들어갔다. 내릴 준비를 하며, 쌤들은 우선 다 함께 선암사를 둘러보자고 의견을 모았다.

# 법정 스님도 반한 곳, 선암사

선암사는 긴 역사를 가진 사찰이다. 언제 완공되었는지 정확한 연대는 밝혀지지 않았는데, 삼국시대인 6세기경, 혹은 남북국시대인 9세기경으로 추정된다고 한다. 조선 시대에 들어서 전란으로 많은 건물을 잃었고, 한국전쟁 때에도 피해를 입었다. 그러나 그러한 상처가 불자들의 신심까지 꺾지는 못했다. 선암사는 여전히 많은 신자가 찾아와 불심을 다지는 곳이다.

산을 등진 절의 풍경은 더없이 아름답다. 교익쌤은 경내에 들어서자마자 다른 쌤들에게 '절 보는 법'을 알려주겠다며 대웅전 맞은편으로 쌤들을 불러모았다. 그곳에서 대웅전을 바라보면 대웅전의 처마 끝과 산자락이 하나의 선으로 이어져 있는 모습이 보인다고 했다. 촬영이 끝난 뒤 제작진도 궁금함을 참지 못하고 그 자리에 섰다. 정말 그랬다. 정면에서 바라본 선암사 대웅전은 자연 풍경 속에 완전히 녹아들어 있었다.

선암사가 아름다운 사찰로 손꼽히는 이유는 이뿐만이 아니다. 눈길을 사로잡는 매화나무도 선암사의 자랑이다. 3, 4월이면 매화가 만개하는데, 그 아름다운 자태가 사람들을 경내로 불러모은다. 우리가 찾았을 때는 매화가 지고 난 늦봄이어서 아쉽게도 꽃을 볼 수는 없었다. 하지만 푸른 잎을 뻗으며 존재감을 과시하는 매화나무는 또 그 나름의 멋이 있었다. 이곳 매화나무 대부분은 수령이 300년 이상 된 고목인데, 그중 터줏대감인 원통전 뒤편의 백매화와 각황전 담장 옆 홍매화는 천연기념물 488호로 지정되기도 했다.

『무소유』로 유명한 법정 스님도 선암사의 매화나무를 무척 좋아했다고 전해진다. 『텅 빈 충만』이라는 수필집에는 그러한 애정이 잘 드러나 있다.

> 선암사 경내에 들어서자 양지바른 돌담 아래 여기저기 매화가 허옇게 피어 있었다.
>
> (……)
>
> 지금 돌이켜 생각해보아도 꿈같은 정경이다.
>
> —법정, 「눈 속에 매화 피다」, 『텅 빈 충만』(샘터사, 2001), p. 120 (맑고 향기롭게 재단의 허가를 받음)

선암사에서 빼놓을 수 없는 기막힌 명소가 하나 더 있다. 바로 해우소다. 해우소는 우리가 익히 알고 있듯이 불가에서 화장실을 가리키는 말인데, 그 뜻을 풀어보면 '근심을 풀고 번뇌

눈길을 사로잡는 매화나무도 선암사의 자랑이다.

3, 4월이면 매화가 만개하는데,

그 아름다운 자태가 사람들을 경내로 불러모은다.

가 사라지는 장소'이다. 선암사의 해우소에서는 이 뜻을 몸소 느낄 수 있다. 그것이 법당도 아닌 화장실이 명소가 된 이유이기도 하다. 비탈에 세워진 이곳은 앞에서 보면 1층이고 뒤에서 보면 2층인 재미난 구조를 가지고 있다. 이 구조는 재미뿐만 아니라 실용적인 역할을 하기도 한다. 들어가서 볼일을 보면 아래층의 비탈로 인분이 떨어지게 되는데, 거기서 숙성된 분변이 인근 채마밭의 거름으로 쓰이는 것이다.

그러나 무엇보다 이곳의 묘미는 앞뒤로 뚫린 창에 있을 것이다. 그 창으로 바람이 통하는 덕분에 재래식 화장실임에도 냄새가 거의 없단다. 게다가 볼일을 보면서 아름다운 바깥 풍경을 감상할 수 있으니, 어찌 근심을 풀고 번뇌가 사라지지 않을 수 있을까. 이 모든 것을 직접 겪어본 이는 바로 MC희열이었다. 해우소를 다녀온 그에게 궁금한 눈빛을 보내자, 그는 '무척 개운했다'는 후기를 전해주었다.

# 『태백산맥』그 자체를 만나다

선암사로 가는 길, 쌤들은 자연스레 태고종 이야기를 꺼냈다. 태고종은 불교의 한 종파로, 결혼을 하고 자식을 두는 대처승을 허용한다. 선암사는 대표적인 태고종 사찰이다. 그리고 『태백산맥』을 쓴 조정래 작가의 아버지가 바로 선암사에서 수도를 한 대처승이라고 한다.

조정래 작가는 『태백산맥』, 『아리랑』, 『한강』 등 유수의 대하소설을 집필한 한국 문단의 거목이다. 그중에서도 『태백산맥』은 세대를 관통한 명작으로 손꼽힌다. 1983년 월간 『현대문학』을 통해 연재를 시작한 이 작품은, 당시만 해도 금기시되던 여순 사건을 다루었던 데다 늑대나 괴물로 묘사되곤 했던 빨치산들의 인간적인 모습을 보여주면서 문제작으로 낙인찍혔다. 심지어 조정래 작가는 국가보안법 위반 혐의로 법정에 불려가기까지 했다. 10년 넘게 이어진 법정 싸움 끝에 작가가 무혐의 처분을 받은 것은, 21세기가 시작되고도 5년이 지난 2005년 3월이었다.

여순 사건은 해방 뒤의 혼란기에 일어난 비극이다. 1948년 10월 19일, 여수에 주둔하던 좌익 계열의 국방경비대 제14연대 소속 군인들은 우파 정부인 이승만 정부에 숙청당할지 모른다는 위기감과 제주 4 · 3 사건 파병에 대한 반감으로 반란을 일으킨다. 그들은 단시간에 전라남도 동부 일대를 점령하는 데 성공하지만, 곧 국군에게 완전히 제압당한다. 그 과정에서 반란군 중 일부가 산으로 숨어 들어가 투쟁을 계속했는데, 이들이 바로 빨치산이다. 빨치산은 프랑스어인 '파르티잔partisan'에서 유래된 말로, 원래는 유격대원 혹은 당원이라는 뜻이다. 이 말이 한국에서 '빨치산'으로 굳어지면서 산에 숨어 투쟁하는 반란군을 뜻하게 되었다. 여순 사건은 수천 명의 희생자를 낳았다. 반란군과 국군이 충돌하여 많은 이가 죽거나 다쳤고, 반란군을 색출하는 과정에서는 더 큰 희생이 뒤따랐다. 이데올로기 싸움이 역사에 남긴 상처라 할 수 있다.

이러한 역사의 비극을 다룬 소설 『태백산맥』은 긴 시간, 많은 독자의 사랑을 받았다. 소설의 배경이 된 보성 곳곳은 독자들이 작품 속 공간을 체험할 수 있는 문학 투어의 현장으로 거듭났다. 쎔들이 저녁을 먹고 이야기를 나눈 보성여관이 대표적이다. 『태백산맥』에서 임만수 등 반란군 토벌대원들이 남도여관이라는 곳에 머무는데, 이 남도여관이 바로 보성여관을 모델로

『태백산맥』에서 임만수 등 반란군 토벌대원들이
남도여관이라는 곳에 머무는데,
이 남도여관이 바로 보성여관을 모델로 하여 쓰여졌다고 한다.

하여 쓰여졌다고 한다.

이번 여정에서 『태백산맥』이야기가 여러 번 나오리라는 것은 영석 선배를 비롯한 PD, 작가들 모두가 예상한 바였다. 1980년대 화제의 베스트셀러였던 만큼 쌤들 모두가 작품에 대해 할 말이 많으리라 짐작했던 것이다. 사전 답사로 보성에 왔을 때 그 짐작은 확신으로 변했다. 보성은 『태백산맥』그 자체였다. 보성여관은 물론, '태백산맥 문학길'로 조성된 현부자네 집과 소화의 집은 옛 모습 그대로 보존되어 있어 마치 소설 속 공간에 들어와 있는 듯한 인상을 주었다. 무엇보다『태백산맥』에 대한 보성 주민들의 사랑과 자부심이 컸다. 보성여관의 직원분들, 꼬막 정식을 공수하러 들렀던 식당의 주인분, 쌤들이 찾아간 보성 차밭의 관계자분들 모두 하나같이 『태백산맥』이야기를 꺼냈다.

"우리 이야기잖아요. 우리가 사는 곳에서 예전에 있었던 일을 조정래 선생님이 작품으로 쓰신 거예요. 『태백산맥』이 아니었으면 사람들이 지금처럼 잘 알지 못했겠지요."

그곳 주민분께 들었던 말이다. 이렇게 한 편의 의미 있는 작품은 역사를 알리고 보존하는 역할까지 해낸다는 걸 새삼 깨달았다.

# 원고지 vs 컴퓨터! 편리함 vs 창의성?

통영 촬영 때, 실제로 박경리 작가를 만난 일을 자랑했던 영하쌤이 이번에는 조정래 작가와의 일화를 꺼내놓았다. 영하쌤이 라디오 DJ로 활약하던 시절, 초대 손님으로 출연했던 조정래 작가는 『태백산맥』 육필 원고가 무려 세 부나 된다고 이야기했다고 한다. 세 부가 별것 아니라고 생각한다면 『태백산맥』을 모르고 하는 소리다. 그 작품은 200자 원고지로 약 16,500매다!! 세 부라고 하면 거의 50,000매에 육박하는 실로 엄청난 양이다. 이 세 부의 원고는 조정래 작가 본인이 쓴 것이 한 부, 이를 아들과 며느리가 옮겨 적은 것이 각각 한 부씩이라고 한다. 이 원고들은 현재 『태백산맥』 문학관에 보관되어 있는데, 쌓아 올린 원고지의 높이가 작가의 키를 훌쩍 넘는다. 그가 이 작품에 들인 노력과 애정, 자부심이 고스란히 드러나는 원고의 탑인 셈이다.

요즘에는 컴퓨터의 워드 프로그램을 활용하기 때문에 이처럼 손이 아프도록 원고지에 글씨를 써넣을 일이 없다. 글쓰기의 양식이 바뀐 것이다. 원고지에 써야 했던 시절에는 수정하거나 삭제하려면 글과 함께 원고지와 잉크도 버려졌기 때문에 머릿속에서 미리 문장과 문단을 구성한 뒤 옮겨 적어야 했다. 반면 워드 프로그램에서는 그러지 않아도 된다. 적었다 지우기를 반복해도 전기세 말고는 추가 지출이 없기 때문이다. 문장을 마음껏 썼다 지웠다 할 수 있으니, 한결 편해진 것은 사실일 것이다. 원고지와 워드 프로그램을 모두 경험해본 시민쌤 역시 이러한 이유로 워드 프로그램이 훨씬 편리하다고 했다. 그러자 교익쌤이 이런 질문을 했다. 이렇게 편리하게 글을 쓰다 보면 점차 생각을 덜 하게 되어 창의성이 훼손되는 것이 아닐까?

이때 재승쌤이 나섰다. 재승쌤은 워드 프로그램이 글쓰기의 방법을 바꾸어놓았을지라도, 그것이 창의성이 떨어지는 것으로 연결되지는 않는다고 했다. 그리고 이는 글쓰기에만 적용되는 것이 아니라고도 덧붙였다. 요즘에는 휴대전화가 일상화되면서 전화번호를 외울 필요가 없다. 내비게이션이나 스마트폰 지도가 있어서 길을 찾는 데에 신경을 쓸 필요도 없으며, 모르는 것이 있으면 언제든 스마트폰을 이용해 정보를 검색하면 된다. 그러다 보니 기계에만 의존하고 머리를 쓰지 않아 기억력 등이 점차 퇴화되는 '디지털 치매'를 걱정하는 사람들이 있는데, 디지털 기기가 활발히 활용되기 시작한 뒤에 인간이 예전보다 뇌를 덜 사용한다는 어떠한 증거도 없다는 것이다. 오히려 처리해야 할 정보의 양이 과거보다 훨씬 더 늘어났기 때문에 이를 조합하고 편집하는 데에 뇌의 활용이 이루어져야 한단다. 역시, 뇌는 어느 시대든 할 일이 참 많다.

# 각양각색 천차만별 「무진기행」 읽기!

　점심을 먹고 나서는 각자의 일정대로 흩어졌는데, 시민쌤은 순천향교와 낙안읍성에 들렀다가 순천만 습지로 향했고, 영하쌤과 MC희열은 순천만국가정원과 보성 녹차밭으로 갔다가 교익쌤과 함께 순천문학관을 둘러보았다.

　일반적으로 순천만 습지를 둘러보고 문학관으로 가는 것이 코스인데, 쌤들은 각각 한 장소를 택해 움직였다. 저녁 시간에 순천만 습지를 찾은 시민쌤은 〈알쓸신잡〉의 체력 왕답게 넓은 그곳을 한참 둘러보았는데, 습지 위의 통로로 여러 사람이 지나다니는 통에 시민쌤을 카메라에 담기가 쉽지 않았다. 게다가 일몰에 맞춰 전망대에 오르고 싶다며 시민쌤이 걸음을 빨리하는 바람에, 함께 걸으면서 이런저런 재미있는 이야기를 듣고 싶었던 스태프들은 시민쌤을 쫓아가기에도 역부족이었다. 하지만 일몰에 맞춰 도착한 그곳에서 석양을 받아 얼굴이 붉어진 시민쌤의 모습을 카메라에 제대로 담을 수 있었고, 그건 빛나는 여행의 순간으로 남았다. 시민쌤 역시 만족감을 감추지 못했다.

시민쌤이 서두른 이유가 이것이었구나, 싶었다.
해가 지기 전의 순천만이 아름다웠다면,
해 질 무렵의 순천만은 경이로웠으니 말이다.

"너무 좋죠? 우리가 딱 맞춰서 왔어요."

시민쌤이 서두른 이유가 이것이었구나, 싶었다. 해가 지기 전의 순천만이 아름다웠다면, 해 질 무렵의 순천만은 경이로웠으니 말이다.

한편 순천과 보성에서 일정을 함께한 영하쌤과 MC희열 그리고 후에 이들과 합류한 교익쌤은 시민쌤보다 한발 앞서 순천만을 찾았다. 이들은 곧장 순천만 습지 인근의 순천문학관으로 갔다. 순천문학관은 정채봉 작가와 김승옥 작가를 기리기 위해 만들어진 곳으로, 정채봉관과 김승옥관 그리고 복합문학관으로 나뉘어 있다. 정채봉 작가는 순천 출신의 아동문학가이며, 김승옥 작가는 순천에서 자란 소설가다. 김승옥 소설의 백미로 손꼽히는 「무진기행」 속에 등장하는 가상의 도시 무진의 모델이 바로 이 순천이라고 알려져 있다. 교익쌤과 영하쌤은 김승옥관을 찬찬히 둘러보았는데, 거기엔 「무진기행」에 대한 기억이 한몫을 했다. 그러나 각자 마음속에 품고 있는 「무진기행」의 의미는 달랐다. 그 이야기는 저녁 토크 자리에서 자세하게 들을 수 있었다.

교익쌤이 떠올린 「무진기행」의 기억에는 고등학생의 낭만이 있었다. 고교 시절부터 「무진기행」의 열혈 팬이었음을 밝힌 교익쌤은 이 소설에 대해 남다른 애정을 드러냈다. 「무진기행」은 얼핏 흔한 연애소설로 보이지만, 그 이상으로 문장 하나하나에 저자의 감수성이 깃든 명작이라고 평했다. 작가로서의 존경심을 가지고 김승옥문학관으로 향한 영하쌤은 문학청년 시절, 「무진기행」을 필사하면서 이 작품이 기승전결의 잘 짜여진 구성을 가지고 있음은 물론, 기, 승, 전, 결의 분량이 균형 있게 분배되어 있음을 알게 되었다고 했다. 말하자면 수학적으로 균형이 잘 잡힌 작품으로, 단편소설을 배우는 데 모범이 될 만하다는 것이다. 뒤늦게 합류해 순천문학관에는 들르지 못했지만, 재승쌤 역시 「무진기행」을 무척 흥미롭게 읽었다고 했다. 이 작품의 주인공을 보면 문제 상황에 맞닥뜨린 남성의 전형적인 행동을 알 수 있다는 이야기로 시작한 재승쌤의 말에 따르면, 남성에게는 문제 상황에 봉착하면 숨으려 하는 습성이 있는데 「무진기행」의 주인공이 그렇다는 것이다. 서울에서 현실에 적극적으로 대처하는 대신 고향인 무진으로 가 문제를 외면하고 은둔하려 하니까. 문학관을 찾지 않은 시민쌤은 나름의 이유가 있었다. 「무진기행」이 가슴속에 '뜨르르'한 울림을 주는 소설이 아니었다는 것. 덧붙여, 읽고 나서도 작가가 독자들에게 무슨 이야기를 하고 싶었던 것인지 이해할 수 없었다고 털어놓았다.

　같은 작품에 대한 감상이라고는 믿기지 않을 만큼 다양한 이야기를 하는 쌤들을 보고 있자니, 「무진기행」에 대한 호기심이 동했다. 촬영 후 많은 제작진이 「무진기행」을 다시(혹은 처음) 읽었는데, 과연 쌤들 만큼이나 다양한 반응이 나왔다. '감수성의 혁명'이라 불렸던 청년 작가 김승옥의 대표작, 한국 현대 문학의 판도를 바꾼 이 작품은 한마디로 간단히 정의 내리기 어려웠다.

「무진기행」의 주인공은 제약 회사 사장의 딸과 결혼해 서울에서 성공 가도를 달리는 중이며, 곧 있으면 전무로 승진이 예정되어 있다. 그러나 어째서인지 주인공은 이러한 성공을 기쁘게 받아들이지 못한다. 주인공의 아내 역시 그의 건강을 걱정하며 고향인 무진에 다녀오길 권한다. 보통 소설에서 이런 상황이 펼쳐지면, 그다음 이야기는 빤하다. 비정한 공간인 서울과 푸근한 시골이자 고향인 무진 사이에서 갈등하던 주인공이 결국에는 서울에서의 가식과 허위(?)를 떨치고 무진을 선택하는데……. 그러나 이 작품에서는 서울과 무진을 그럴듯 좋은 공간, 나쁜 공간의 이분법으로 나누기 어렵다. 주인공은 무진에서 결코 위로받거나 인간성을 회복하지 못한다. 오히려 자신의 부끄러운 과거를 다시금 떠올리고, 또 한번 부끄러운 일들을 저지른다. 그리고 결국에는 서울로 되돌아온다.

시민쌤이 말한 것처럼, 가슴을 울리는 감동적인 이야기는 아닌 셈이다. 그렇다고 교익쌤이 느꼈다고 하는 문장에 깃든 저자의 감수성을 부정할 수도 없다. 소설의 마지막 문장인 "나는 심한 부끄러움을 느꼈다"를 읽고 나면 어쩐지 서글픈 심정이 되어버리니 말이다. 무어라 요약하기 어려운 책이니만큼, 이 기회에 일독을 권한다!

# 고막에서 꼬막으로, 사전을 바꾼 소설

순천·보성의 저녁 식사 장소는 보성여관으로 정했다. 사실 보성여관은 원칙적으로 취식이 불가능한 공간이다. 하지만 그곳의 느낌을 포기할 수 없었다. 우리 제작진은 사전에 양해를 구하고, 벌교 꼬막 정식을 공수해 와서 먹는 것을 허락받았다.

『태백산맥』을 조리서로 읽었다는 교익쌤은(그에겐 모든 책이 조리서가 아닐까), 직접 책을 들고 와 꼬막 이야기가 나오는 대목을 읽어주기도 했다. 『태백산맥』과 꼬막은 인연이 깊다. 그 인연은 작품 속에서 여러 번 벌교 꼬막을 언급하는 것에서 시작된다. 그 덕분에 맛 좋은 벌교 꼬막이 전국적으로 더욱 유명해질 수 있었다고 한다.

여기서 그치지 않고, 꼬막이라는 이름부터가 『태백산맥』의 영향을 받은 것이라니……. 보통 인연은 아닌 것이 분명하다. 원래 꼬막을 부르던 말은 '고막'이었고 '꼬막'은 사투리였다. 그런데 조정래 작가가 『태백산맥』에서 전라도 사투리인 '꼬막'을 고집했다. 이 책이 베스트셀러로 자리매김하면서 사람들도 '고막'보다 '꼬막'이란 말을 더 자주 사용하게 되었고, 결국에

는 표준어와 사투리의 위계가 뒤바뀌어 '꼬막'이 정식 이름이
되었다.

  보성여관에서 꼬막무침과 꼬막찜을 맛본 쌤들은 소설이 과
장이 아니라며 간간하고 쫄깃한 맛에 감탄을 금치 못했다. 그
런데 아쉽게도 스태프들은 일정에 쫓겨 아무도 벌교 꼬막의 맛
을 보지 못했다는 슬픈 이야기가……

# 알아두면 쓸 데 있는 '순천·보성'의 장소들

### 선암사

순천의 대표적인 사찰로, 쌤들이 함께 들른 곳
이다. 해우소와 매화나무가 유명하다.

📍 전남 순천시 승주읍 선암사길 450

### 보성여관

소설 『태백산맥』의 배경이 된 곳이다. 2012년
새롭게 개장했다. 태백산맥에 대한 자료를 볼
수 있다.

📍 전남 보성군 벌교읍 태백산맥길 19

### 순천만국가정원

정원 가꾸기가 취미인 영하쌤이 순천 여행의
절반을 할애한 국내 최대의 인공 정원. 12개국
의 정원을 콘셉트로 세계 곳곳의 다양한 가드
닝 문화를 엿볼 수 있다.

📍 전남 순천시 국가정원1호길 47

### 순천문학관

정채봉과 김승옥을 기리기 위해 만들어진 곳으
로, 두 작가에 대한 자료를 살펴볼 수 있는 공간
이다.

📍 전남 순천시 무진길 130

### 순천향교 & 순천 문화의 거리

여행지에서 향교를 빠지지 않고 찾아다니는
시민쌤이 〈알쓸신잡〉 최초로 찾은 향교이다.
향교 주변에는 한옥 글방, 공방, 카페, 식당 등
이 모인 순천 문화의 거리가 조성되어 있다.

향교: 전남 순천시 향교길 60
문화의 거리: 전남 순천시 행동

### 낙안읍성

조선 시대의 모습을 고스란히 간직한 마을이
다. 옛 모습 그대로인 초가집에는 지금도 사람
들이 거주 중이다.

전남 순천시 낙안면 쌍청루길 157-3

### 순천만 습지

순천만 습지는 160만 평의 갈대밭과 690만 평의 넓은 갯벌로 이루어져 있으며, 세계 5대 연안 습지
로 손꼽힌다. 습지 내에 있는 용산전망대는 일몰 명소이기도 하다.

전남 순천시 순천만길 513-25

## 병어 정식

쌤들이 순천에서 첫 식사를 한 곳이다. 여러 종류의 반찬과 함께 신선한 해산물을 맛볼 수 있다.

🍴 밥이답이다: 전남 순천시 왕지4길 10-8

## 꼬막 정식 거리

꼬막 정식을 파는 식당들이 거리를 이룬 곳으로, 보성여관 인근에 있다. 삶은 꼬막, 구운 꼬막, 꼬막무침 등 다양한 꼬막 요리를 맛볼 수 있다.

🍴 전남 보성군 벌교읍 회정리 836

읽어두면 쓸 데 있는 **Book Pick!**

---

### 법정의 『무소유』

승려이자 수필가인 법정의 첫 산문집이다. "아무것도 가지지 않을 때 비로소 온 세상을 가지게 된다"라는 무소유의 가르침을 얻을 수 있는 책이다.

 범우사, 1999

---

### 조정래의 『태백산맥』

총 10권으로 완간이 되었으며, 무려 850만 부가 팔린 1980년대 최고의 베스트셀러 소설이다. 보성을 배경으로, 혼란했던 한국 근대사의 이야기를 다루었다.

 해냄출판사, 2007

---

### 김승옥의 『무진기행』

감수성의 혁명이라 불리던 청년 작가 김승옥의 단편소설집이다. 특히 표제작 「무진기행」은 한국 단편소설의 백미로 손꼽힌다.

 민음사, 2007

---

# CHAPTER 3

# 낮에는 커피 한잔
# 밤에는 맥주 한잔,
# 낭만의 도시
# '강릉'

# ✦여느 때와 다르지 않지만,
## 조금 더 즐거운 오늘!

봄과 여름 사이, 6월 초의 햇볕 좋은 날이었다. 이번 촬영 장소인 강릉의 분위기는 살짝 들떠 있었다. 비단 날씨가 좋아서만은 아니었다. 며칠 전 〈알쓸신잡〉 첫 방송이 나갔고, 시청률은 기대 이상이었다. 주변의 반응도 좋았다.

"이번에 너희 팀 재미있는 거 하더라?"

다들 여기저기서 축하의 마음이 담긴 인사를 받은 터였다. 촬영장에서도 마찬가지였다. 시민분들이 우리를 알아보고, 프로그램을 잘 보았다며 인사를 건넸다. 방송을 만들면서 이보다 더 뿌듯한 일은 없다.

우리가 찍고 편집한 영상물이 전파를 타고 나가 시청자들과 만나는 일은 매번 기대와 걱정이 교차하는 긴장의 연속이다. 그런데 시청자들의 반응이 긍정적으로 돌아온다면, 더 나아가 재미있게 보았다는 칭찬과 격려를 보내온다면 그간의 고생은 아무것도 아닌 게 된다. 우리가 만든 프로그램을 재미있게 바라보는 눈빛들을 상상하는 것만으로도 편집실에서의 밤샘 작업과 더위와 추위에 시달리는 촬영장에서의 고군분투를 이겨

내는 힘을 얻는다.

쌤들도 우리와 다르지 않은 모양이었다. 첫 방송을 보고 마음에 들었는지 다른 때보다 더욱 즐거운 표정이었다. 언제나처럼 말끔한 모습으로 일찍 도착한 영하쌤은 직접 준비해온 커피를 홀짝이며 다른 쌤들을 기다렸고, 교익쌤은 강릉행 버스에 타자마자 시민쌤과 함께 낚시를 다녀왔다며, 시민쌤을 '꽝 조사'라고 놀려댔다. 여느 때와 다를 것 없는 모습이었지만, 방송 후 반응이 좋으니 왠지 더 흥이 나는 것처럼 느껴지기도 했다. 그리고 여느 때와 다르지 않게, 강릉으로 가는 버스에서 많은 이야기를 나눴다(분량 문제로 대부분 편집할 수밖에 없는 현실은 늘 안타깝다). 처음으로 출발부터 일정을 함께한 재승쌤도 어느새 버스 안의 수다에 익숙해져서 이런저런 이야기를 풀어놓았다. 다른 일정 때문에 강릉에서 합류한 MC희열은 "분명 수다 떠느라 한숨도 안 자고 오셨을 것"이라며 호언장담했는데, 정확히 맞는 말이었다.

# 초당 순두부, 알고 먹어야 할까?

첫 끼는 초당 순두부였다. 명실상부 강릉을 대표하는 음식인데다, 교익쌤이 강력하게 추천한 덕분이다. 교익쌤이 쌤들을 이끌고 간 식당은 규모가 제법 커서 스태프들도 모두 함께 식사할 수 있었다. 다른 순두부와 달리 응고제로 바닷물을 활용한다는 것이 초당 순부두의 특징인데, 그래서인지 깊고 고소한 맛이 더 했다.

초당 순두부의 기원에는 여러 가설이 있다. 대표적인 것이 허균의 아버지인 허엽 선생이 처음 만들었다는 이야기이다. 허엽 선생의 호가 '초당'인데, 초당 순두부의 이름이 거기서 비롯되었다는 것이다. 그러나 이것이 사실인지는 확인할 길이 없다. 허엽의 아들인 허균이 지은 음식 품평서 『도문대작屠門大嚼』에도 아버지가 두부를 만들었다는 이야기는 찾아볼 수 없으니 말이다. 교익쌤은 이보다 조금 더 설득력 있는 가설을 내놓았다. 한국전쟁으로 남편을 잃고 살길이 막막해진 강릉 여인들이 바닷물과 콩은 이용해 두부를 만들어 팔기 시작했다는 것이다. 콩으로 두부를 만들면 양이 배로 불어나는 데다, 큰 밑천이 필요하지 않아 장사에서 이문을 많이 남길 수 있기 때문이다.

　어떤 것이 사실인지는 알 수 없지만, 그 기원이 무엇이든 중요하지 않다. 더할 나위 없이 훌륭한 맛으로 입과 마음을 즐겁게 해주니, 그저 맛있게 먹으면 될 일이다. 여기에 이 초당 순두부를 더욱 특별하게 먹을 수 있는 강릉의 대표 디저트도 추천한다. 바로 순두부 아이스크림! 쌤들은 입맛에 맞지 않는다며 아무도 찾지 않았지만, 촬영에 앞서 답사를 왔던 2, 30대 스태프들에게는 초당 순두부보다 더 인기가 좋았다.

# '커피' 하면 강릉, '뇌' 하면 재승쌤

식사를 마친 쌤들은 두 갈래로 나뉘어 움직였다. 영하쌤과 재승쌤은 피노키오박물관과 에디슨과학박물관을 둘러보겠다고 했고, 교익쌤과 시민쌤, MC희열은 오죽헌으로 방향을 잡았다. 그리고 두 팀은 각각, 마치 약속이라도 한 듯 일정에 앞서 커피부터 마시러 갔다. 커피는 이제 강릉을 대표하는 음식이라 해도 어색하지 않다.

대한민국 1호 바리스타 박이추. 그가 카페 '보헤미안 커피'를 개업한 도시가 바로 강릉이다. 현재 강릉에는 세 군데의 '보헤미안 커피'가 있다. 시민쌤과 교익쌤 그리고 MC희열은 강릉 사천에 위치한 보헤미안 로스터즈 박이추 커피공장으로 갔다. 커피를 마시는 것만이 아니라 커피 로스팅 과정을 직접 볼 수도 있는 멋진 공간이었다. 창밖으로 내다보이는 바다 풍경은 이 공간이 가진 매력 중 단연 최고였다.

영하쌤과 재승쌤이 간 곳은 강릉의 또 다른 커피 명가, 테라로사 커피였나. 이곳은 커피를 볶아 호텔 등에 공급하는 커피공장으로 2002년 강릉에서 문을 열었는데, 직접 커피를 마시고

자 하는 사람들이 공장에 찾아오기 시작하면서 카페를 열었다고 한다. 지금은 전국에 매장을 가진 체인 카페로 성장했다.

강릉이 커피의 도시로 자리매김하게 된 또 하나의 일등 공신이 있다. 바로 안목 해변의 자판기 커피다. 로스팅 커피를 이야기하다가 갑자기 무슨 소리냐고? 강릉의 트레이드마크로 자리잡은 안목 해변 카페 거리의 시초가 바로 이 커피 자판기였다는 사실을 몰라서 하는 말씀이다. 안목항 일대가 지금처럼 붐비지 않던 1980년대, 안목 해변은 여러 대의 커피 자판기가 들어선 곳으로 유명했다. 자판기마다 커피와 크림, 설탕의 비율이 달랐기 때문에 취향에 따라 뽑아 먹는 재미가 있어서 이 자판기 커피를 마시러 안목 해변을 찾아오는 사람들이 많았다고한다. 그중에서도 특히 인기가 있었던 커피는 바로 헤이즐넛(당시의 표기 대로는 헤즐넛) 커피였는데, 이국적인 이름과 달콤하고 감미로운 맛 덕분이었다. 지금은 그 많던 커피 자판기가사라지고 대신 대형 카페들이 들어섰지만, 아직도 카페 거리초입에서 몇 대의 커피 자판기를 만날 수는 있다. 물론 헤이즐넛 커피도 여전히 판매 중이다.

커피의 맛과 향, 추억에 대한 이야기만 한다면 〈알쓸신잡〉이 아니다. 커피가 때때로 뇌에 해로울 수 있다는 이야기는 그날 저녁에 나왔다. 짐작하다시피, 재승쌤을 통해서였다. 다른

강릉이 커피의 도시로 자리매김하게 된
또 하나의 일등공신이 있다. 바로 안목 해변의 자판기 커피다.
안목항 일대가 지금처럼 붐비지 않던 1980년대,
안목 해변은 여러 대의 커피 자판기가 들어선 곳으로 유명했다.

쌤들의 커피 이야기를 조용히 듣던 재승쌤은 적어도 피곤할 때만큼은 커피를 자제해야 한다고 입을 열었다. 뇌를 위해서라고 했다. 성인 남성 뇌의 무게는 보통 1.4킬로그램 정도로, 통상적으로 몸무게의 약 2퍼센트를 차지하는데, 이 작은 뇌가 인체의 에너지 소비 중 약 20퍼센트나 사용한다. 그만큼 뇌는 할 일이 많고 바쁘다. 이런 뇌가 피로해지면 아데노신이란 호르몬을 분비해 자신의 피로를 알려준다. 이 아데노신이 아데노신 수용체와 만날 때 우리는 피로감을 느끼고 쉬어야 할 때라는 걸 아는 것이다. 그런데 커피에 든 카페인은 아데노신이 수용체를 만나지 못하게 하는 역할을 한다. 즉, 뇌는 피곤한 상태인데 마치 에너지가 충분한 것처럼 속는다. 그러면 쉬어야 할 때인데도 쉬지 않는 것이다. 너무 피곤할 때에는 커피를 마시는 대신 잠깐 눈을 붙여야 한다는 말이다. 우리의 뇌는 소중하니까.

# ✦⁺"어머, '알뜰신잡' 맞죠?"

커피 타임이 끝나고 시민쌤, 교익쌤, MC희열은 신사임당과 율곡 이이가 태어난 곳으로 유명한 오죽헌에 갔다. 검은 대나무가 집을 감싸고 있어 오죽헌烏竹軒이라는 이름이 붙었다고 하는 이곳에선 신사임당과 율곡 이이의 삶을 엿볼 수 있다. 그뿐 아니라 조선 사대부의 고택을 둘러보는 경험을 할 수 있어 강릉의 명소로 손꼽힌다. 그러니 당연히 관광객이 끊이지 않는 곳이기도 하다. 그날도 오죽헌 마당은 관광객들로 붐볐다. 촬영 중인 쌤들을 알아본 관광객들은 우리 방송을 봤다며 더욱 반가워했다. 그러나 안타깝게도 대부분 프로그램의 이름을 정확하게 알지는 못했다.

"혹시 '알뜰신잡' 촬영하는 것 아니에요?"

"이거 그저께 본 그거네. 알아두면 쓸잘 데 없는…… 그거 맞죠?"

"'알뜰잡식' 너무 재밌게 봤어요!"

이렇게 입에 안 붙는(!) 〈알쓸신잡〉이란 이름은 프로그램을 처음 제안한 양정우 PD의 의견이었다. 그는 요즘 유행하는 줄

임말로 제목을 짓고 싶다면서, '알쓸신잡'이라는, 당시로서는 상당히 충격적인 제목을 제시했다. 여러 번의 회의를 거쳐 결국 이 제목이 최종적으로 낙점되었지만, 풀어서 쓰면 다소 길고 줄여서 읽으면 발음이 어려웠기 때문에 처음엔 걱정이 많았다. '잡학'이라는 단어가 들어간 것도 마음에 걸렸다. 그래서 쌤들을 섭외할 때에는 차마 '잡학사전'이라는 말이 입 밖으로 나오지 않아서 "알아두면 쓸데없는……" 하고 말끝을 흐려야 했다.

그러나 지금은 상황이 완전히 바뀌었다. 이름 덕분에 프로그램이 잘된 건지, 프로그램이 잘돼서 이름이 덩달아 좋게 들리는 건지 선후 관계를 확신할 수는 없지만, 분명한 건 '알쓸신잡'이라는 말이 고유명사처럼 쓰이게 됐다는 것이다. '그다지 쓸데는 없지만, 알아두면 재미난 상식과 교양'으로 '알쓸신잡'만한 단어가 없기도 하다.

이제는 검색창에 '알쓸신잡'을 입력하면 '서울 생활 알쓸신잡', '그림 읽는 법 알쓸신잡' 등 재야의 숨어 있던 잡학박사들의 글이 검색된다. 물론 이런 결과에 가장 어깨를 편 사람은 양정우 PD였다.

"히트작은 다 네 글자라니까요. 〈타이타닉〉, 〈영웅본색〉, 〈1박 2일〉 그리고 〈알쓸신잡〉!"

# ✦ 조선에서 여성 예술가로 산다는 것

　관광지마다 안내문을 꼼꼼히 읽으며 팩트 체크와 맞춤법 검사를 하던 '안내문 헌터' 시민쌤은 오죽헌에서 어느 때보다 더 깐깐한 비평을 쏟아냈다. 신사임당을 설명하는 방식 때문이었다. 오죽헌의 안내문은 율곡 이이를 중심으로 소개가 되어 있었고, 신사임당에 대한 설명은 '현숙한 어머니', '현모양처의 모범' 등으로 어머니와 아내의 역할에만 한정되어 있었다. 시민쌤이 방송에서 여러 번 주장한 것처럼, 신사임당은 뛰어난 화가이자 서예가이자 시인이었다. 생전의 명성도 대단했다.

　당대의 시인 소세양은 신사임당의 산수화를 극찬했으며, 신사임당의 그림 위에 직접 시를 쓰기도 했다. 그리고 조선 중기의 유학자 어숙권은 신사임당을 안견에 버금가는 화가라 칭찬했다. 안타깝게도 신사임당의 글은 대부분 유실되었지만, 어머니에 대한 그리움을 그린 시 「유대관령망친정踰大關嶺望親庭」과 부모님에 대한 그리움을 다룬 「사친思親」 등은 지금까지 전해진다. 유교적 관념이 강화되어가던 조선 중기, 여성이 자신의 친정 부모를 그리워하는 글을 쓰는 일은 결코 쉽지 않았을 것이

신사임당은
뛰어난 화가이자 서예가이자 시인이었다.
생전의 명성도 대단했다.

다. 이러한 작품들을 통해 신사임당이 시대적 관념에 구애받지 않는 예술가로서 자신의 내면을 드러내는 창작 활동을 했음을 알 수 있다.

신사임당이 예술가로서 기개를 펼칠 수 있었던 데에는 긍정적인 주변 환경의 영향이 컸다. 여성에 대한 억압이 심해지던 시기였지만 신사임당은 어머니와 함께 외가에 머물며 비교적 자유로운 환경에서 자랐다. 19세에 이원수와 혼인했는데, 이원수는 부인을 자신의 소유물로 취급하던 당시의 다른 남편들과 달리 아내를 존중할 줄 아는 남자였다. 신사임당의 예술 활동을 응원하고, 친구들에게 아내의 작품을 자랑하기도 했다고 전해지는 그는, 여성에게 엄혹하기만 했던 시대에 신사임당의 든든한 버팀목이 되어주었다.

하지만 모든 여성 예술가들이 신사임당과 같은 삶을 살 수 있었던 것은 아니다. 오히려 재능이 삶의 고통이 되는 경우가 더 많았다. 강릉에서 만난 또 다른 여성 예술가인 허난설헌이 그랬다. 허난설헌과 신사임당은 공통점이 많다. 두 사람 모두 조선 중기 강릉에서 태어난 여성 예술가이고, 비교적 자유로운 분위기의 사대부 가문에서 성장했으며, 어릴 적부터 탁월한 재능을 드러냈다. 특히 허난설헌은 여덟 살에 「광한전 백옥루 상량문」을 지어 주변 사람들을 놀라게 했다고 한다. 이 작품은 신선들의 나라에서 광한전 백옥루라는 가상의 건물을 짓는 상황을 가정하고 쓴 산문으로, 어린아이가 생각해냈다고는 믿기지 않는 디테일한 상상력과 문장력이 돋보인다.

잘 알려져 있듯, 허난설헌은 조선의 풍운아 허균과 남매 사이다. 남자 형제들과 함께 글을 배우며 자란 허난설헌은 당대의 유명 시인이었던 이달에게 한시를 배우기도 했다. 그러나 15세 무렵 김성립과 혼인하며 수난이 시작된다. 남편 김성립은 아내가 글을 쓰는 것을 달가워하지 않았고, 도리어 그의 재능을 질투했다. 글을 쓰는 며느리를 못마땅해한 것은 시가도 마찬가지였다. 이 와중에 아버지 허엽, 믿고 따르던 오빠 허봉이 연달아 세상을 뜨고, 자신의 두 아이마저 병으로 잃은 허난설헌은 죽음을 예감하며 이런 시를 쓴다.

몽유광상산시


碧海浸瑤海  푸른 바닷물이 구슬 바다에 넘나들고

靑鸞倚彩鸞  푸른 난새가 채색 난새와 어울렸구나.

芙蓉三九朶  부용꽃 스물일곱 송이 붉게 떨어지니

紅墮月霜寒  달빛 서리 위에서 차갑기만 해라.

—허난설헌, 「꿈에 광상산에 노닐며 지은 시와 그 서문」(『허난설헌 시집』, 허경진 옮김, 평민사, 2019)

헛된 세상에 잠시 왔다 간다고 생각했던 것인지, 생의 끝자락에 이르러 허난설헌은 자신의 작품을 모두 불태워달라는 유언을 남긴다. 그의 유언은 그대로 이루어졌는데, 누나의 자취가 사라지는 것을 아쉬워한 허균이 자신이 외우고 있던 시들을 모아 『난설헌집』을 발간했다. 이 책은 명나라까지 전해져 문인들의 사랑을 받았다.

〈알쓸신잡〉 방송 이후, 오죽헌의 관리자분들께 안내문을 대폭 수정했다는 연락을 받았다. 그리고 이를 직접 시민쌤에게도 전해드렸다고 한다. 다행스럽고 뿌듯한 일이다.

# ⁺⁺피노키오와 거짓말

　영하쌤과 재승쌤은 테라로사 카페에서 하슬라 아트월드로 방향을 잡았다. 하슬라 아트월드는 2003년 개장한 미술관인데, 두 쌤이 먼저 방문한 곳은 이 미술관 안에 자리한 피노키오박물관이었다. 피노키오박물관으로 가려면 특별한 통로를 지나야 한다. 벽에 뚫린 커다란 구멍으로 들어가면 나오는 터널이 그것. 동화 속에서 피노키오가 고래 배 속에 갇혔던 것을 모티브로 제작된 공간인데, 색색의 조명까지 비춰서 마치 다른 세계로 이동하는 듯한 느낌을 준다. 그곳에서 영하쌤은 신이 난 아이처럼 휴대전화로 연신 사진을 찍었다. 영하쌤은 여러모로 소년 같은 사람이다. 낯선 음식을 맛보는 데에 주저함이 없고, 여행지에서 할 수 있는 다양한 체험을 즐긴다. 경주에서 오리배, 춘천에서 레일바이크를 탄 것은 기본이고, 전주에서는 직접 한지를 만들기도 했다. 그뿐인가. 강릉에서는 너무 비좁아 카메라가 따라 들어갈 수 없는 잠수정에 들어가는 바람에 스태프를 당혹스럽게 만들기도 했다. 그러고 보니, 스태프들 사이에서 유행했던 신발 끈 풀기 장난에 출사표를 던진 것도 쌤들

중 그가 유일했다.

　피노키오박물관에는 피노키오 목각 인형과 그림 등이 전시되어 있다. 피노키오는 어린이가 가질 수 있는 부정적인 모습을 모두 갖춘 캐릭터다. 어른들 말 안 듣고, 거짓말하기 일쑤이며, 심지어 가출까지 해서 자신을 만들어준 제페토 할아버지를 고난에 빠뜨리니까. 어른들은 흔히 아이들에게 착하고 사랑스러운 어린이 캐릭터를 보여주려고 한다. 그 캐릭터를 닮아 착한 아이로 자라길 기대하기 때문이다. 그러나 영하쌤은 이런 생각에 의문을 던진다. 너무 착한 캐릭터는 '나는 왜 쟤와 다르지?'라는 고민을 불러올 수 있다는 것이다. 그러면서 오히려 말썽꾸러기 피노키오가 어린이들에게 긍정적인 영향을 줄 수 있다고 했다. 아이들 내면의 충동과 욕망을 긍정하는 역할을 하기 때문이다. 아이에게 용인되지 않는 행동을 일삼는 피노키오를 보면서 아이들은 '나만 그런 게 아니구나, 피노키오도 나와 비슷해' 하고 안도감을 얻는 것이다.

　저녁 자리에서는 피노키오와 거짓말에 대한 이야기가 한참 동안 오갔다. 주로 다른 쌤들이 질문을 하면 재승쌤이 답변을 하는 식이었다. 질의응답처럼 흐르던 이야기의 말미에, 재승쌤이 거짓말과 인간의 언어에 대한 흥미로운 이야기를 하나 덧붙였다.

아이에게 용인되지 않는 행동을 일삼는 피노키오를 보면서
아이들은 '나만 그런 게 아니구나.
피노키오도 나와 비슷해' 하고 안도감을 얻는 것이다.

원시시대 사람들은 거짓말을 통해 부족 구성원들의 인정을 받는 것이 가능했다. 예를 들어 절벽에서 떨어져 죽은 호랑이를 끌고 와서는 긴 격투 끝에 호랑이를 때려죽였다고 거짓말을 하면, 솔직하게 털어놓을 때보다 더 좋은 평가를 얻을 수 있었다. 재승쌤은 이렇듯 자신에게 유리하게 상황을 편집하고 허풍을 떨어대는 거짓말이 인간의 언어를 발전시켰을지 모른다고 추측했다. 상황을 그럴듯하게 꾸며낼수록 다른 사람이 거짓말을 쉽게 믿었을 테니 말이다.

이렇듯 현실을 과장한 거짓말은 오늘날에도 흔하게 볼 수 있다. 각종 SNS 공간이 그렇다. 그곳에서 일상은 멋진 말로 포장되곤 한다. 그럴수록 더 많은 주목을 받기 때문이다. 그렇다고 SNS 속 일상에 너무 회의를 품을 필요는 없다. 사람들과 대화하고 소통하는 이유가 오로지 진실을 듣고 말하기 위해서는 아니지 않은가. 우리는 때로 쓸데없는 거짓 정보들을 주고받으며 즐거운 시간을 보내기도 한다. 진실만이 중요하다면 어떻게 새빨간 거짓말인 영화나 소설을 즐길 수 있을까? 고백하자면, 〈알쓸신잡〉도 가끔은, 약간의 연출을 했다. 공교롭게도 거짓말에 대한 이야기가 오가던 촬영이 바로 그랬다. 그날 방송에서 배경에 찍힌 다른 손님들이 실은 모두 〈알쓸신잡〉 팀 스태프였나! 사연스러운 술집 분위기를 내고 싶었던, 선의의 거짓말이나고 이해애수시길……

# ✦ '개와 늑대의 시간'을 기다리며

하슬라 아트월드를 나온 영하쌤과 재승쌤은 에디슨과학박물관으로 향했다. 재승쌤은 처음으로 과학과 관련된 곳을 가게 되었다며 기쁨을 감추지 못했다. 게다가 에디슨은 재승쌤이 무척이나 좋아하는 과학자였다.

토머스 에디슨은 무려 1,000개 이상의 특허 상품을 개발한 발명의 아버지다. 에디슨과학박물관에는 그의 발명품과 유품 2,000여 점이 전시되어 있다. 대표적인 발명품인 축음기, 영사기 등은 물론, 에디슨이 발명한 줄 꿈에도 몰랐던 타자기, 재봉틀, 다리미, 와플 제조기 등을 보면서 그 양과 다양성에 감탄할 수밖에 없었다. 저녁 자리에서 영하쌤과 재승쌤에게 이야기를 들은 다른 쌤들 반응도 마찬가지였다. 시민쌤은 에디슨이 혹시 외계인 아니냐며 혀를 내둘렀다. 재승쌤은 실제로 외계인처럼 특이한 사람이었다며 이야기를 이어갔다.

에디슨은 학교 교육을 받지 않은 데다 어릴 적 사고로 청력도 좋지 않았다. 이런 이유로 자주 무시를 당하면서 그는 괴팍하고 사회성이 부족한 어른으로 성장했다. 틀에 갇히지 않은 사고로 훌륭한 발명품을 만드는 데에는 누구보다 성공한 에디슨이지만, 남편이나 아버지로서는 그렇지 못했다. 첫 번째 결혼은 실패로 끝났고, 두 번째 부인과의 결혼 생활에도 그다지 충실하지 못했다. 훗날 에디슨의 아들이 아버지와 함께 보낸 시간이 일주일도 되지 않는 것 같다고 털어놓았을 정도라고 하니 더 말할 필요가 있을까.

그런데 재승쌤의 말에 따르면, 이런 에디슨의 삶에도 로맨틱한 순간이 있었다고 한다. 두 번째 부인에게 청혼할 때였다. 에디슨이 부인의 손에 모스부호로 결혼해달라는 메시지를 전했다는 것이다. 재승쌤의 이야기가 끝나고 순간 정적이 감돌았다. '자, 이제 로맨틱한 순간을 말씀해주시죠.' 마음속으로 외쳤으나 이야기는 거기서 끝이었다. 다른 쌤들도 어리둥절한 표정을 숨기지 못했다. 오직 재승쌤만이 이 청혼 방식의 로맨틱함에 새삼 감동한 듯 보였다. 청혼을 받은 부인 역시 모스부호로 에디슨에게 답을 해주었고, 과학자의 청혼은 그렇게 완성되었다는데……

세상엔 우리가 미처 이해하지 못하는 참으로 다양한 '로맨틱'이 있을 것이다.


그리하여 여기, 강릉에서도 '로맨틱'한 풍경이 있었다. 영하쌤과 재승쌤은 에디슨과학박물관을 나와 미술관 내에서 스테이크로 저녁 식사를 했다. 지역의 대표 음식에 구애받지 않는 영하쌤의 추천이었다. 바다가 내려다보이는 식당이라는 이유도 있었다. 식사를 마친 영하쌤은 "곧 있으면 개와 늑대의 시간"이라며 바로 이럴 때 바다를 봐야 한다고 했다. 붉은 석양이 내려와 사물의 실루엣이 흐려질 때, 멀리서 다가오는 짐승이 나를 도와줄 개인지 나를 해칠 늑대인지 알아볼 수 없는 시간을 '개와 늑대의 시간'이라고 한다.

우리는 목적지를 정하지 않고 우선 해변 도로를 달려보기로 했다. 그런데 도로를 달릴 때까지 초여름의 해는 쉽사리 저물지 않았다. 바다에 도착해서도 마찬가지였다. 햇볕이 한낮처럼 환하지는 않았지만, 어쨌든 개와 늑대를 충분히 식별할 수는 있었다. 그렇게 우연히 찾아간 해변은 6월 초의 성수기임에도 인적이 드물었다. 바다를 보고 소년처럼 좋아하는 영하쌤과 그런 영하쌤을 스마트폰에 담는 재승쌤을 촬영하기에, 적당한 조도의 한적한 바닷가는 더할 나위 없이 최적이었다.

언젠가 영하쌤은 여행이 재밌으려면 계획이 어그러져야 한다고 말한 적이 있다. 그런 의외의 사건들이 여행을 가장 여행답게 만든다고 말이다. 강릉에서 우리는 그런 '여행의 시간'을 가진 셈이었다. '개와 늑대의 시간'이 찾아온 건 해변을 떠나차로 이동을 할 때였다. 해가 저물면서 붉은 석양 속으로 모든 풍경이 빨려 들어갔고, 먼 산과 도로 옆에 심긴 나무들은 검은 실루엣으로만 남았다. 스태프들(특히 촬영 팀 스태프들)은 아쉬워하며 주섬주섬 카메라를 꺼내 들었다. 이때 촬영한 것은 스치는 장면으로만 방송에 담을 수 있었다. 이 역시 여행의 묘미였다.

# ✦ 맥주가 술술술~

저녁 토크를 위해 모인 곳은 다양한 종류의 수제 맥주를 파는 술집이었다. 이제 맥주는 더 이상 공장에서 대량 생산되어 나오는 공산품에 그치지 않는다. 빛깔도 향도 재료도 저마다 다른 수많은 종류의 수제 맥주는 맥주를 좋아하는 이들의 다양한 취향을 만족시키며 사랑을 받고 있다. 그도 그럴 것이 맥주는 고대 수메르 문명에서도 그 자취를 찾을 수 있는, 인류와 역사를 함께한 술이다. 그 오랜 시간 동안 다양한 변주가 없었을 리 없다.

쌤들은 그곳의 다양한 맥주를 골고루 맛보고 싶어 했고, 자연히 여러 개의 작은 잔에 각각 다른 맥주를 담아주는 '맥주 샘플러'를 주문했다. 주문한 맥주가 나오자 영하쌤이 알고 마시면 더 맛있는 맥주 이야기를 시작했다.

맥주는 생산 공정에 따라 라거와 에일로 나뉜다. 먼저 라거는 우리가 가장 흔히 마시는 맥주 종류인데, 15세기 독일에서 처음 만들어졌다고 한다. 저온에서 장기간 숙성시켜 만드는 방식이라 19세기에 냉장 기술이 발달하면서 대량 생산이 가능해졌고, 이후 공장에서 대량으로 생산되면서 많은 사람이 즐겨 찾는 맥주가 되었다. 깔끔하고 청량한 맛에 목 넘김이 비교적 편안한 것이 특징이다. 에일은 라거보다 색과 향이 진하고 알코올 도수도 높은데, 이는 효모를 상온에서 짧은 시간 동안 발효시켜 만들기 때문이라고 한다. 이런 에일에 홉을 더욱 첨가한 것이 IPA다. 'India Pale Ale'이라는 이름을 가진 이 맥주는 19세기에 영국인들이 인도로 맥주를 수출하면서, 더운 적도 지방으로 가는 동안 맥주가 상하지 않도록 다량의 홉을 첨가한 높은 도수의 맥주에서 시작되었다. IPA가 아로마 향이 진한 것은 그 때문이며, 덕분에 이 맥주는 탄탄한 마니아 층을 확보할 수 있었다고 한다.

맥주 이야기를 하면서 맥주를 마시면 더 맛이 있을까? 하지만 확실한 건 맥주 이야기만으로도 시원하고 향긋하면서 톡 쏘는 그 맛이 절로 떠오르더라는 것. 아는 맛이 무섭다고 하지 않던가. 지금 이 글을 읽고 있는 독자들도 라거와 에일, IPA 맛이 차례로 머리와 입과 가슴을 훑고 지나간다면, 주저하지 말고 오늘 한잔해보는 건 어떨지(물론 미성년자는 빼고!)……. 수제 맥줏집도 좋지만, 상황이 여의치 않다면, 우리에게 편의점 맥주도 있다.

# 알아두면 쓸 데 있는 '강릉'의 장소들

### 허균·허난설헌 기념관

허난설헌이 태어난 곳에 지은 기념관으로, 시인 허난설헌과 조선 사회를 비판한 지식인 허균의 삶을 엿볼 수 있다.

📍 강원 강릉시 초당동 477-8

### 오죽헌

신사임당과 율곡 이이가 태어난 조선 시대의 고택으로, 두 사람에 대한 자료를 살펴볼 수 있다.

📍 강원 강릉시 율곡로3139번길 24

### 정동진역 & 정동진 모래시계공원

드라마 〈모래시계〉 촬영지로 세계에서 바다와 가장 가까운 역이다. 역 주변에는 '모래시계 소나무'와 모래시계공원, 시간박물관 등 볼거리가 많다.

📍 강원 강릉시 강동면 정동역길 17

### 에디슨과학박물관 & 참소리축음기박물관

에디슨의 발명품과 유품 2,000여 점이 전시되어 있는 에디슨박물관과 그 바로 옆에 위치한 참소리축음기박물관은 함께 둘러보기 좋다.

📍 강원 강릉시 경포로 393

### 강릉 통일공원 함정전시관

1996년 9월, 북한 잠수함이 동해안에 침투한 사건을 계기로 조성된 공원이다. 당시 사용했던 북한 잠수함과 북한 주민 탈출선을 볼 수 있다.

📍 강원 강릉시 강동면 율곡로 1616

### 피노키오박물관

하슬라 아트월드 내의 박물관으로, 피노키오를 소재로 한 다양한 미술 작품을 볼 수 있다.

📍 강원 강릉시 강동면 율곡로 1441

### 강릉 초당 순두부

쌤들이 선택한 강릉에서의 첫 끼. 두부 정식을 주문하면 모두부와 초당 순두부를 모두 맛볼 수 있다.

🍴 토담순두부: 강원 강릉시 난설헌로193번길 1-19

### 보헤미안 로스터즈 박이추 커피공장

대한민국에 드립 커피 붐을 일으킨 1세대 바리스타 박이추가 운영하는 카페이다. 강릉 바다의 향을 맡으며 커피를 즐길 수 있다.

🍴 강원 강릉시 사천면 해안로 1107

**주문진 풍물시장**

교익쌤의 추천으로 방문하게 된 곳으로, 시장
내 식당에서 직화로 구운 통오징어 구이가 별
미다.

 강원 강릉시 주문진읍 해안로 1758-10

**수제 맥줏집**

다양한 종류의 맥주가 있는 수제 맥주 전문점
으로, 샘플러를 주문해 여러 맥주를 조금씩 맛
볼 수도 있다.

 버드나무브루어리: 강원 강릉시 경강로 1961

**테라로사 사천점**

강릉을 커피의 도시로 만든 주역 중 하나다. 바
다와 소나무로 둘러싸여 있어 해 질 녘에 가면
멋진 석양을 볼 수 있다.

 강원 강릉시 사천면 순포안길 6

✦ 읽어두면 쓸 데 있는 **Book Pick!**

**허난설헌의 『허난설헌 시집』**

조선의 천재 시인, 허난설헌이 생전에 쓴 시와 산문을 모은 책이다. 시대와 불화한 예술가의 아픔이 책 속에 고스란히 담겨 있다.

📖 허경진 옮김, 평민사, 2019

# CHAPTER 4

# 천년의 시간을
# 기억하는,
# 21세기 핫 플레이스
# '경주'

# 모두가 다 아는 그곳, 과연 괜찮을까?

〈알쓸신잡〉의 포문을 연 도시가 통영이었다면 센터는 단연 경주였다. 경주에선 최초로 1박 2일 촬영이 진행되었다. 불국사와 대릉원, 첨성대 등의 유적지부터, 요즘 인기를 끌고 있는 황리단길과 놀이동산까지 둘러보아야 하니 하루로는 부족하겠다고 판단한 것이다. 그러나 막상 떠나려고 하니, 경주라는 장소가 주는 부담감이 제법 컸다. 거의 모든 세대가 수학여행으로 한 번쯤 방문한 도시인 데다가 여행 코스도 비슷하기 때문이다. 불국사를 보고, 첨성대 앞에서 단체 사진을 찍고, 대릉원을 한 바퀴 돈 다음 한 줄로 서서 국립경주박물관을 관람하는 것. 모두가 다 아는 장소를 둘러보는 것이 무슨 의미가 있을까, 우리는 다를 수 있을까……, 고민이 되었다. 그렇다고 해서 경주의 명소들을 무작정 가지 말자고 할 수도 없는 일이 아닌가.

'그래, 우리 쌤들을 또 한번 믿어보자.' 긴 회의의 끝에 우리가 내린 결론이었다. 아니나 다를까, 쌤들은 이번에도 계획한 것이 많았다. 비교적 덜 유명한 감은사지와 한적한 해변에 위치한 문무대왕릉, 다른 지역에서는 방문할 수 없었던 놀이동산과 엑스포공원, 그리고 황리단길의 전망 좋은 카페와 맛집까지……. 쌤들이 고른 여행지는 이미 우리가 상상한 경주를 넘어서 있었다. 그래, 이만하면 맨땅에 헤딩은 아니야. 우리는 이번에도 서로를 다독이며 경주행 열차에 올랐다.

# ✦제대로 경주식으로!

경주는 뭐니 뭐니 해도 기차 여행이 아닐까. 마치 오래전 수학여행을 떠나는 마음으로 오른 기차 안에서 역시나 쌤들의 수다는 종횡무진으로 이어졌다. 故김광석과 故유재하 등 한 시대를 풍미한 뮤지션 이야기부터, 수학여행의 기억, 출판업에 대한 이야기 등을 나누었는데, 결국 가장 중요한 화두는 점심으로 무얼 먹느냐는 것이었다.

교익쌤은 경주식으로 끓인 모자반해장국을 추천했다. 모자반이란 톳과 유사한 해초의 한 종류다. 이 모자반으로 국물을 내고 메밀묵과 콩나물을 넣은 것이 경주식으로 끓인 해장국이라고 했다. 먹어보기 전까지는 상상하기 힘든 맛이었다. 그런데 해장국을 먹기 위해 찾아간 식당은 더더욱 상상치 못한 공간이었다. 경주 팔우정 해장국 거리 내에 위치한 식당은 아주 작았다. 해장국 골목의 식당 대부분이 마찬가지였다. 모든 스태프가 들어갈 수 없는 크기여서, 결국 카메라 감독님과 촬영에 필요한 최소한의 인원만 쌤들의 식사 장면을 촬영하고, 나머지는 각각 다른 식당에서 밥을 먹은 뒤 나중에 모이기로 했다. 그렇게 해장국 거리의 작은 식당들이 〈알쓸신잡〉 스태프들로 채워지는 진풍경이 연출됐다. 나중에 들어보니 각자 먹고 온 음식도 다양했다. 쌤들처럼 모자반해장국을 먹었다는 촬영팀 막내, 콩나물국밥을 먹은 작가, 선지해장국을 먹은 PD 등등. 맛에 대한 평가는 대체로 좋았다.

식당에 둘러앉아 해장국을 먹으며, 쌤들은 저마다 이런저런 경주 여행 계획을 꺼냈다. 시민쌤은 특히나 결의에 찬 모습이었다. 오랜만에 찾은 고향인 데다, 그가 사랑하는 박물관과 유적이 도처에 있는 도시가 아닌가. 사실 시민쌤과 동행하는 PD와 작가들은 어느 도시에서든 다른 스태프들보다 몇 배로 움직이곤 했다. 최대한 다양한 장소를 다니며 많은 것을 보고 싶어 하는 그의 여행 스타일 때문이다. 그런 그가 이번에는 대릉원을 한 바퀴 돈 다음(대릉원은 23기의 능을 관람할 수 있는 공원으로, 부지는 3만 8천 평 정도다), 국립경주박물관을 둘러보고(국립경주박물관은 10만여 개의 소장품을 보유하고 있으며, 박물관 대지는 2만여 평이다), 저녁에는 문무대왕릉에 가보자고 했다. 바야흐로 시민쌤의 경주 대장정이 시작된 것이다.

# ✦왕은 죽어도 이야기는 남는다

　대릉원은 해장국 골목 인근에 있다. 그곳에서부터 시민쌤의 본격적인 일정이 시작되었다. 시민쌤이 어렸을 적에는 왕릉에 별다른 제한 없이 올라갈 수 있었다고 한다. 왕릉 위에서 비료 포대로 썰매를 만들어 타기도 하고, 신라문화제를 하는 날이면 천마총 위에 올라가 가장행렬을 구경했단다. 지금은 어림없는 이야기다. 1970년대에 정부는 상당한 예산을 들여 경주 황남동 일대의 고분들을 대릉원으로 조성했다. 당연히 유적에 대한 관리도 엄격해졌다. "그대로 두어선 유적이 감당할 수 없을 만큼 사람들이 몰려들기 때문"일 거라는 영하쌤의 말에도 일리가 있다. 대릉원이 조성될 즈음 경부고속도로가 뚫려서 수도권의 관광객이 경주로 몰려들었으니 말이다.

　시민쌤은 대릉원에서도 천마총과 미추왕릉을 유독 찬찬히 둘러보았다. 천마총은 출자 금관을 비롯한 목걸이와 허리띠 등의 장신구, 마구류 등 유물 11,500여 점이 출토된 고분이다. 발굴된 유물 중에 천마도가 그려진 말다래가 특히 유명하여 천마총이라는 이름이 붙었다. 미추왕릉은 대릉원에서 유일하게 주인이 밝혀졌다. 신라의 13대 왕인 미추왕이 그 주인공으로, 그는 농업을 장려하고 외적으로부터 여러 번 나라를 지킨 성군이었다. 그러니 자연히 당시 인기가 상당했을 것이고, 이를 증명이라도 하듯 이런 이야기가 전해져 내려온다고 한다.

미추왕이 죽은 뒤, 신라는 또다시 외세의 위협을 받는다. 이서국伊西國이 신라로 쳐들어온 것이다. 그런데 이때 귀에 대나무 가지를 꽂은 병사들이 나타나 이서국 병사들을 물리치고는 홀연히 사라진다. 사람들은 나중에 미추왕의 무덤에 대나무 가지들이 쌓여 있는 것을 발견하고 선왕이 병사들을 보냈다는 사실을 깨닫는다. 이 전설 덕분에 미추왕릉은 죽현릉竹現陵이라고도 불린다.

시민쌤의 다음 목적지는 문무대왕릉이었다. 여기에도 역시 전해오는 이야기가 있다. 문무왕은 죽은 뒤에도 동해의 용이 되어 나라를 지키겠다는 일념으로, 자신의 무덤을 바다에 만들 것을 부탁했다. 그리고 아들인 신문왕에게 자신이 죽은 뒤 위급한 일이 생기면 만파식적을 불어 용이 된 자신을 불러내라는 말을 전했다고 한다. 그리하여 신문왕은 정말 동해에서 아버지의 장례를 치렀다.

문무대왕릉으로 가는 길, 시민쌤은 자갈로 이루어진 바닷가를 볼 수 있다며 소년처럼 신이 나 있었다. 도착한 해변에는 정

시민쌤이 어렸을 적에는
왕릉에 별다른 제한 없이 올라갈 수 있었다고 한다.
왕릉 위에서 비료 포대로 썰매를 만들어 타기도 하고,
신라문화제를 하는 날이면 천마총 위에 올라가
가장행렬을 구경했단다.

말 검고 작은 자갈이 깔려 있었다. 오랜 시간 마모되어 작고 동글동글해진 자갈들이 바닷물에 젖어 반짝거렸다. 파도가 칠 때마다 서로 부딪혀 또르르, 하는 소리가 났는데, 숨을 죽이고 계속해서 듣고 싶을 정도로 예쁜 소리였다.

해변엔 우리뿐 아니라 문무왕의 영을 받고자 하는 무속인 여럿이 여기저기에 자리를 잡고 바다를 향해 기도를 올리고 있었다. 잘 차려진 제사상도 보였다. 꽹과리를 치거나 꽃을 수놓은 커다란 부채를 펄럭이며 여러 번 절을 올리는 사람, 무릎을 꿇고 앉아 조용히 기도를 드리는 사람 등 영을 받는 방법은 다양했다. 정말이지 놀라운 광경이었다. 시민쌤은 "이야, 역시 문무왕이 쎈 분이야"라고 중얼거리더니, 그 모습을 담담하게 지나치며 한참 동안 해변을 구경했다.


유적지마다 재미난 이야기를 하나씩 품고 있는 경주. 이렇듯 재미있는 전설과 신화, 민담 등은 경주 어디에서나 쏟아져 나왔다. 그날 저녁 자리에서도 마찬가지였다. 쌤들의 이야기는 자연스레 『삼국유사』와 『삼국사기』로 흘러갔다. 지금까지 나온 전설, 신화, 민담 등이 모두 그 두 권의 책에서 비롯되었기 때문이다. 가장 궁금한 건 이름도 비슷하고, 내용도 비슷한 이 두 책이 어떻게 다른지였다.

| 『삼국사기』 | 『삼국유사』 |
|---|---|
| • 고려 정부가 제작<br>• 현존하는 대한민국 최고最古 역사서(1145년 편찬) | • 일연 스님 개인이 편찬<br>• 단군신화를 최초로 기록한 역사서(13세기 후반 편찬) |

『삼국사기』가 공식 역사서라면, 『삼국유사』는 사설 역사책이라고 할 수 있다. 그러나 앞서 말했듯이 두 책이 완전히 다르다고 말하기는 어렵다. 『삼국사기』도 각종 신화와 전설을 포함하고 있고, 『삼국유사』 역시 『삼국사기』가 미처 전하지 못한 여러 사료를 싣고 있기 때문이다. 서로의 단점을 보완해주는 좋은 친구 같은 책이라 할 수 있겠다.

# ✦시간을 거스르는 풍경

영하쌤은 대릉원에서 조금 떨어진 삼릉을 찾아갔다. 삼릉은
신라의 아달라왕과 신덕왕, 경명왕의 무덤으로 이어지는, 나란
히 솟은 세 개의 봉분을 말한다. 대릉원과 달리 도심에서 조금
떨어져 있어서 찾는 이가 많지 않다. 어느 도시든 남들이 찾지
않는 장소에 가보길 좋아하는, 영하쌤다운 선택이었다. 삼릉을
둘러싼 소나무 숲에서, 영하쌤은 신화적인 존재들이 튀어나올
것만 같다고 했다. 휘어지고 틀어진 채로 거대하게 자라난 소
나무들은 그런 생각이 들게 하기에 충분했다. 소나무 숲이 이
처럼 잘 보존될 수 있었던 것은 왕릉 덕분이 아니겠느냐는 영
하쌤의 이야기는 그럴듯했다. 문화재 보존과 소나무 숲 보호가
함께 이루어졌을지 모르기 때문이다. 건장한 체격의 영하쌤도
소나무 숲에서는 어느 때보다 조그맣게 카메라에 담겼다. 촬영
팀은 열광했다. 울창한 소나무 아래에 호기심을 품은 얼굴로
서 있는 영하쌤이라니, 영화 속 한 장면이 부럽지 않았다.

한편 멋진 풍경을 찾아 혼자만의 길을 나선 여행자가 한 명

더 있었으니, 바로 교익쌤이었다. 목적지는 감은사지. 감은사는 문무왕이 건설을 시작해 아들인 신문왕이 완성한 사찰로, 원래는 문무대왕릉 인근에 있었다. 신문왕은 동해의 용이 된 아버지가 감은사에서 쉴 수 있도록 절의 아래로 물길을 끌어왔다고 한다. 절을 이루던 건물은 지금 모두 사라지고 없다. 3층 석탑 2기만이 남아 있는데, 교익쌤은 빈터에 오래된 석탑 두 채가 서 있는 이 광경을 경주 최고의 절경으로 꼽았다. 도시 전체가 지붕 없는 박물관이라 불릴 만큼 화려한 유적지가 많은 경주에서, 허물어진 절터에 있는 석탑 두 채를 최고의 장관으로 꼽는 것에 의아한 마음이 들었던 것도 잠시, 교익쌤의 여행 취향을 파악하고 있던 우리는 곧 고개를 끄덕였다. 그는 자타 공인 〈알쓸신잡〉 최고의 낭만주의자다. 어디를 가든 가장 아름다운 풍경을 놓치고 싶지 않다던 그가 이번에는 감은사지를 서성이며 석양을 기다렸다. 이윽고 해가 넘어가면서 탑의 세목이 지워지자, 제작진의 입에서도 탄성이 새어 나왔다. 빈터에 쓸쓸히 남은 탑의 실루엣은 천년 전 신라의 그것이면서도, 긴 시간이 흐른 오늘과 맞닿아 신비한 아름다움을 뿜어내고 있었다.

# ✦황리단길의 젠트리피케이션 이야기

　삼릉을 둘러본 영하쌤은 황리단길 탐방에 나섰다. 황리단길은 황남동 인근에 조성된 거리로, 황남동과 경리단길을 합성해 붙여진 이름이다. 서울 망원동의 망리단길과 전주 한옥마을의 '전주 객잔'에서 '객' 자를 딴 객리단길처럼 많은 사람이 찾는 소위 '핫 플레이스'를 일컫는 이름답게, 눈길을 끄는 상점들이 늘어서 있어 볼거리와 먹을거리가 많은 곳이다. 오랜만에 경주를 찾은 영하쌤과 제작진 모두는 황리단길의 세련됨에 놀랐다. 한옥으로 지어진 게스트하우스와 개성 넘치는 식당, 카페 들이 골목마다 즐비했다. 그리고 그 거리를 신라의 복장을 빌려 입은 젊은이들이 들뜬 표정으로 오가고 있었다.

　기와지붕을 인 나지막한 주택 사이로 천마총과 황남대총이 나란히 보이는 루프톱 카페를 찾은 영하쌤은 이른바 '능 뷰'에 자리를 잡고 커피를 마셨다. 다음 날에 또다시 황리단길에 들른 그는 이번엔 피자집으로 향했다. 그가 자발적인 사전 조사로 찾은 장소였다. 그곳에서 그는 한 번 더 능을 구경하며 노천 피맥을 즐겼다. 첫날의 카페와 둘째 날의 피자집 모두 상당히

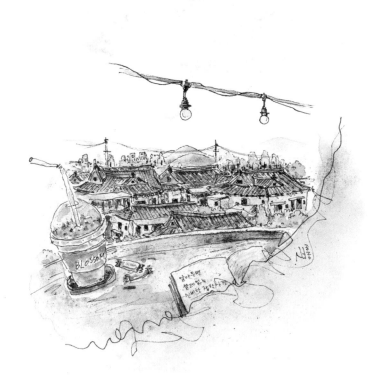

기와지붕을 인 나지막한 주택 사이로
천마총과 황남대총이 나란히 보이는
루프톱 카페를 찾은 영하쌤은
이른바 '능 뷰'에 자리를 잡고 커피를 마셨다.

인기 있는 곳인 듯 사람들로 가득했다. 하지만 피하고 싶은 번 잡함이 아니라 함께하고 싶은 여유로움이 그곳에 있었다. 둘째 날의 피자집에서 많은 사람이 노천 테이블에 앉아 피자와 하와 이안 맥주를 즐기는 모습이 특히 그랬다.

그러나 빛에는 항상 어둠이 따라오는 법. 이러한 핫 플레이 스를 마냥 즐길 수만은 없는, 안타까운 현실이 있었다. 황리단 길에서 역시 카페를 찾던 MC희열과 재승쌤은 카페 사장님 과의 대화에서 황리단길 일대의 가게 임대료가 1년 사이 열 배 이상 올랐다는 이야기를 들었다. 이른바 젠트리피케이션 현상 이 경주의 황남동에도 일어난 것이다.

상대적으로 낙후된 지역의 싼 임대료를 찾아 작지만 특색 있 는 가게들이 모이기 시작하면 특별한 장소를 찾는 사람들 역시 그곳으로 몰려들기 마련이다. 그러면 관광객뿐 아니라 그곳으 로 이주해 오는 사람들도 늘어나면서 자연스레 지역 경제가 살 아난다. 그러나 여기엔 치명적인 부작용이 있다. 사람들이 몰 리고 돈의 흐름이 활발한 곳으로는 거대 자본이 들어오기 마 련. 그렇게 외부의 거대 자본이 그 지역에 들어오면서 덩달아 임대료가 오르면, 전부터 그곳에 살던 주민들이나 상권을 형성 하는 데에 이바지했던 가게들은 치솟는 임대료를 감당하지 못 하고 그 지역을 떠나야 한다. 그리고 상권 형성에 별다른 도움을 주지 않았던 외부의 자본이 손쉽게 그 자리를 차지하고 이전의 주민들이 일군 성과를 취하게 된다. 이러한 현상이 젠트리피케이션이다. 이것은 비단 황리단길만의 일은 아니다.

토지와 빈곤의 관계를 깊게 고민한 미국의 경제학자 헨리 조지는 자신의 저서 『진보와 빈곤』에서, 인류의 진보로 이룩한 부가 대부분 토지를 소유한 사람에게로 흘러감으로써 많은 이가 기술과 경제의 발달에도 불구하고 빈곤한 상태에 머무르고 있다고 주장했다. 그는 이런 이론을 책에 담는 것에서 더 나아가 직접 정계에 진출해 구체화하려는 노력을 하기도 했다. 우리나라에서도 젠트리피케이션을 억제하려는 노력을 찾아볼 수 있다. 상가임대차보호법을 개정하여 상가 임차 기간을 10년까지 늘린 것이 그 사례다. 하지만 그럼에도 불구하고 여전히 젠트리피케이션의 문제는 해결되지 않은 것이 사실이다. 지속적인 고민과 노력이 필요한 일이다.

# ✦몸 풀린 토크가 시작되다!

경주에서의 1박 2일이 순탄치만은 않았다. 숙소를 구하는 일부터 그랬다. 우리는 이왕이면 한옥 숙소를 촬영 배경으로 활용했으면 했다. 쌤들에게 각방을 제공하는 것은 물론, 밤늦게까지 촬영을 진행할 스태프들도 같은 숙소에 묵을 수 있으면 더 좋을 것 같았다. 그런데 경주 황남동에서 이런 숙소를 찾는 것은 서울 한복판에서 무료 주차장을 찾는 일만큼 어려웠다. 스태프들이 두세 명으로 찢어져 황남동 일대를 샅샅이 뒤졌지만 결과는 시원찮았다. 심지어 모 스태프는 왜 묵지도 않을 거면서 꼬치꼬치 캐물어 장사를 방해하느냐며 민박집 주인에게 혼쭐이 나기도 했다. 모두가 지쳐 숙소 찾는 일을 거의 포기할 때쯤, 마지막 희망이라 생각하며 경주에 연고가 있는 방송국 후배에게 SOS를 보냈다.

그가 소개해준 게스트하우스는 우리의 바람대로 한옥 여러 채로 이루어진 곳이었고, 마침 정식 영업 시작 전이라 우리가 통째로 쓸 수도 있었다. 다행히 마음씨 좋은 주인분의 허락을 받아 그곳에서의 촬영이 성사되었다. 이 책을 읽을 독자들께 꼭 말씀을 드리고 싶다. 황남동에서 숙박할 예정이라면 최소한 2주 전에는 숙소를 예약해야 한다고······.

숙소를 구하느라 고생스럽긴 했지만, 경주의 1박 2일은 탁월한 선택이었다. 영석 선배의 말에 따르면 경주는 쌤들이 '완전히 몸이 풀린 곳'이다. 숙소에 딸린 식당에서 촬영한 저녁 토크는 그 어느 때보다 자연스러웠다. 〈알쓸신잡〉을 기획하면서 바랐던, 이야기와 주제의 변주가 이상적으로 이루어졌다. 쌤들은 저녁 토크 촬영을 마치고도 평상으로 자리를 옮겨 수다를 계속했다. 그 모습을 또 카메라에 담으면서 너무나 뿌듯했다. 출연자들이 방송임을 잊고 이 여행과 대화에 집중하고 있다는 것을 느낄 수 있었기 때문이다.

방송을 만들다 보면 자연히 알게 되는 법칙이 있다. 웬만한 연출로는 절대로 시청자들을 속일 수 없다는 것이다. 출연자들이 정말 이 상황을 즐기고 있는지, 적당히 멘트를 치고 연기를 하는 중인지 시청자들은 기가 막히게 알아챈다. 촬영과 생활의 경계가 없어질 때, 시청자들은 프로그램에 마음을 빼앗긴다. 경주에서 우리는 비로소 쌤들이 진짜 이 상황을 즐기고 있다는 확신을 얻었다. 말하자면 예능 프로그램의 이데아를 실현했달까?

다음 날 아침도 그랬다. 시민쌤은 가벼운 맨손체조로 하루를

시작했고(아쉽게도 그 모습이 지나치게 귀여운 탓에 편집되고 말았
다), 영하쌤은 집에서 가져온 모카포트로 손수 커피를 내리고
토스트와 스크램블드에그를 만들어 아침을 차려주었다. 아침
식탁에 둘러앉아서도 쌤들은 자연스럽게 이야기꽃을 피웠다.
방송이 아닌, 여행을 온 친구들의 모습이었다.

# 경주의 모든 곳에 있다, '첨성대'

선발대로 경주에 와서 숙소를 찾느라 황리단길을 이 잡듯 뒤진 스태프들이 입을 모아 전한 말이 있었다.

"황리단길에 제일 많은 게 뭔 줄 알아요? 첨성대예요!"

뒤늦게 경주에 도착한 스태프들에게는 의아한 이야기였다.

"첨성대는 딱 하나 아니야?"

본격적인 황리단길 촬영에 들어가고서야 그 말의 뜻을 알게 되었다. 첨성대 라테, 첨성대 초콜릿, 첨성대 빵, 첨성대 카드, 첨성대 마그넷 등 황리단길 여기저기에는 첨성대를 테마로 만든 상품들이 가득했다. 진짜 첨성대를 찾은 교익쌤은 근처 노점에서 무알코올 칵테일을 마셨는데, 이 칵테일의 이름마저도 '첨성대 삼거리 모히토'였다! 첨성대 모양으로 초콜릿이나 빵을 만드는 것이 경주의 특색이라고 할 수 있나, 싶은 삐딱한 마음이 들기도 했지만 첨성대가 경주의 랜드마크인 것은 부정할 수 없었다.

쌤들의 이야기 속 첨성대는 '별을 관측하는 천문대'를 넘어

다양한 모습을 가지고 있기도 했다. 교익쌤은 제관이 첨성대에 올라 별과 달의 모양을 토대로 미래를 점쳤을 거라고 추측했다. 정말 별을 관찰하는 것만이 목적이었다면, 평지가 아닌 산꼭대기에 설치되었어야 한다는 것이다. 첨성대가 일종의 제단인 셈이라는 이야기이다. 영하쌤은 『삼국사기』에 천문을 읽고 점을 치는 사람이 나오는데, 그가 점괘를 발표하는 곳이 첨성대가 아니었겠냐며 교익쌤의 말을 거들었다. 관찰은 더 높은 데에서 하더라도, 공식 기자회견은 첨성대 앞에서 했으리라는 것이다. 천문대보다는 점성술에 활용된 제단에 가까웠다 해도, 첨성대에서는 신라인들의 천문학적 지식을 엿볼 수 있다. 첨성대는 신라 선덕여왕 대에 만들어진 것으로 추정되는데, 그때 이미 신라인들은 계절과 날짜에 대한 상당한 지식이 있었던 것으로 보인다. 첨성대의 가운데 창문을 기준으로 단을 나누면 창문의 3단을 제외한 위아래 단수가 각각 12단이고, 합하면 24단인데, 1년이 12달, 24절기임을 알고 반영한 것으로 추측된다.

그리 높지 않은 키, 굴뚝 같기도 하고 탑 같기도 한 독특한 외양은 오래전 수학여행에서 보았던 그대로였다. 첨성대는 대릉원 인근의 탁 트인 공지에 홀로 우뚝 서 있었다. 길 건너 잔디밭에선 사람들이 연을 날리고 있었는데, 그날은 바람이 거의 없어 쉽지 않아 보였다. 아이들은 잔디밭을 내달려 열심히 바람을 일으켰다. 잔디밭에 돗자리를 깔고 앉아 담소를 나누는 어르신도 몇 분 있었다. 첨성대와 함께, 모두가 자연스러운 경주의 풍경이었다. 경주에서 가장 좋았던 것이 바로 이런 것이다. 그저 관람에서 그치지 않고, 유적지가 생활환경 속에 자연스레 스며들어 있는 것. 황리단길과 어우러진 대릉원, 주민들의 공원이기도 한 첨성대와 대릉원 부지, 둘레길을 걷고 오리배를 탈 수 있는 보문호 등에서 천년고도이면서도 21세기와 상생하는 경주를 보았다.

# ✦MC 희열의 진짜 모습

경주에는 K-POP 팬이라면 빼놓을 수 없는 명소도 있다. 바로 MC희열과 재승쌤이 찾아간 한국대중음악박물관이다. 어느 기업가가 사비를 들여 건립한 곳인데, 놀랍게도 소장품 대부분이 취미로 수집한 물건들이라고 한다. 소장품의 종류도 다양하다. 축음기와 앰프 등 음향 기기의 역사를 보여주는 물건을 비롯해 한국 대중음악의 시대별 주요 음반과 악보 등은 혼자서 사비를 들여 모았다는 사실이 믿기지 않을 정도다. MC희열은 "한 사람이 이렇게까지 수집을 할 수 있구나"라며 그 열정에 감탄했다.

'수집'이라면 우리 쌤들도 일가견이 있다. 저마다 자신의 분야에서 지식을 모은 분들이니까. 그러니까 〈알쓸신잡〉은 쌤들의 지식 박물관이기도 한 셈이다. 이 박물관 관람에 가장 중요한 역할을 하는 사람이 있으니, 바로 MC희열이다. 말하자면 도슨트라 할 수 있는데, 쌤들이 쌓아온 지식을 맘껏 이야기할 수 있도록 판을 깔아주는 사람이기 때문이다. 말이 나왔으니 말인데, 사실 〈알쓸신잡〉의 성공에는 그의 공이 상당하다. 그는 대화의 흐름을 조절하고, 방송되어야 할 이야기들을 그때그때 꺼내주는 데 탁월한 능력을 발휘한다. 그 덕분에 다른 쌤들은 자신이 준비한 이야기를 마음껏 할 수 있었다. 시청자의 눈높이에서 추가적인 질문을 던지는 것으로 〈알쓸신잡〉이 시청자들에게 가깝게 다가갈 수 있도록 한 것도 MC희열의 공이다. 그의 능력은 편집 과정에서 더욱 빛났다. 그의 매끄러운 진행 덕에 자연스러운 편집이 가능했다. 특히 경주처럼 이런저런 이야기가 쏟아져 나온 여행지에서는 정말 그가 PD들을 구원한 것이나 마찬가지였다. '비밀 병기'가 아닐 수 없다.

늘 쌤들의 뒤에서 듣는 역할을 했던 MC희열이지만, 이곳 한국대중음악박물관에서는 달랐다. 그야말로 한국 대중음악 분야의 박사님이 아닌가. 그것을 증명이라도 하듯 박물관에는 TOY 앨범도 있었다! 모처럼 자신의 이야기를 풀어낼 법도 한데, 그는 자신이 주연한 뮤직비디오 영상을 보고 무척이나 부끄러워했다. 대신 박물관 내 카페 한편에 마련된 피아노에서 재승쌤과 스태프들에게 연주를 들려주었다. 1999년 발표한 앨범의 타이틀곡 〈익숙한 그 집 앞〉이었다. 평소 그의 장난스럽고 유쾌한 모습은 찾아볼 수 없는, 섬세하고 감성적인 연주였다. 박물관을 다녀오는 길에 스태프들은 이렇게 말했다.

"다른 건 다 편집해도 이건 꼭 살려야 해. 우리가 빚이 많잖아."

# 시작하는 연인들은 롤러코스터를 타야 한다?

둘째 날, MC희열과 재승쌤은 국내 최고의 스릴을 즐길 수 있는 경주월드에 갔다. 경주월드는 1985년, 국내에서 두 번째로 개장한 놀이동산이다. 수직으로 하강하는 롤러코스터와 거꾸로 매달린 채 빙글빙글 돌면서 달리는 롤러코스터, 70미터 높이에서 추락하는 자이로드롭 등의 놀이기구가 최근 스릴 마니아들의 입소문을 타면서 명소가 되었다.

재승쌤은 이런 무서운 놀이기구를 시작하는 연인들에게 추천하고 싶다면서 카필라노 흔들다리 실험을 예로 들었다. 실험은 간단했다. 남성들을 두 개 그룹으로 분류해서 첫 번째 그룹은 흔들리지 않는 돌다리를 건너게 했고, 두 번째 그룹은 흔들다리를 건너게 했다. 그리고 다리를 건너온 남성에게 한 여성 연구원이 다가와 설문 조사를 청했다. 조사 끝에 여성 연구원은 자신의 연락처를 건네며 조사 결과를 알고 싶으면 연락을 달라고 했다. 그 결과, 돌다리를 건넌 남성들보다 흔들다리를 건넌 남성들이 훨씬 높은 비율로 여성에게 연락했다. 흔들다리를 지나는 동안 심장박동 수가 증가했는데, 남성의 뇌는 가슴이 뛴 이유가 여성에게 반했기 때문이라고 분석한 것이다. 무서운 놀이기구 역시 이와 마찬가지다. 롤러코스터를 타느라 심장박동이 상승할 때, 우리의 뇌는 이를 연인에 대한 설렘 때문이라고 기분 좋은 착각을 일으키는 것이다.

연인들에게 놀이공원이 좋은 이유는 이뿐만이 아니다. 몇 걸음만 걸어도 놀이기구, 식당, 기념품 가게 등이 튀어나와 대화의 주제가 끊길 일이 없다. 즐거운 음악이 흘러나오고 행복한 얼굴로 공원을 누비는 사람들 덕분에 저절로 기분이 좋아지기도 한다. 이것은 비단 시작하는 연인들뿐 아니라 모든 사람에게 적용된다. 재승쌤과 MC희열도 놀이공원에 오니 기분이 무척 좋다고 고백하지 않았던가!

# ✨조선의 노블레스 오블리주, 최진립 가문

천년고도 경주에는 조선 시대의 흔적도 여럿 남아 있다. 대표적인 것이 시민쌤이 찾아간 최진립 장군의 생가다.

최진립 장군은 임진왜란과 병자호란에 모두 참전한 의인이었다. 임진왜란은 1592년에, 병자호란은 그로부터 44년이 지난 1636년에 일어났으므로, 임진왜란에 참전한 장수가 병자호란에 참전한 것만 해도 대단한 일이다. 임진왜란이 일어났을 때 스물다섯의 젊은이였던 그는 마을의 장정들을 모아 의병을 일으켜 공훈을 세웠고, 병자호란 때에는 일흔을 바라보는 나이로 또다시 자진하여 전쟁터에 나섰다. 감사 정세규는 그를 만류했지만 소용없는 일이었다.

"내가 늙어서 장수의 일을 감당할 수 없지만, 능히 갈 수는 있소."

최진립 장군에게 중요한 것은 전쟁에서 이기고 지는 것이 아니었다. 그에게 중요했던 것은 묵묵히 자신의 할 일을 하는 것, 이길 수 없더라도 죽음으로 충과 의를 실천하는 것이었다. 그렇게 그는 험천(지금의 용인 일대)에서 장렬히 전사하며 자신의 소임을 다한다. 이때 그를 따라 전쟁터로 나섰던 두 노비 옥동과 기별도 끝까지 주인과 함께 싸우다가 함께 전사했다고 전해진다. 주인이 나라에 충성하는데, 자신들 역시 충노가 되는 것이 도리라면서 말이다. 이후 최씨 가문의 후손들은 최진립 장군과 옥동과 기별의 제사를 함께 지낸다. 보수적인 조선 사회에서는 상상조차 하기 어려운 일이지만, 그들은 신분이나 가문의 위신보다 사람이 더 중요하다는 사실을 잊지 않았다.

이러한 인간 존중의 정신은 최진립 장군의 손자 최국선에게도 이어진다. 최국선은 그의 아버지 최동량과 함께 선진적인 농업 방식으로 상당한 부를 이루어 만석꾼으로 불렸는데, 놀랍게도 그러한 부는 무려 300년 동안 꾸준히 유지되었다고 한다. 한 가문이 이렇듯 긴 시간 부를 유지한 사례는 전 세계적으로도 찾아보기 힘들다. 여기에는 몇 가지 비법이 있는데, 소개하자면 다음과 같다.

1. 과거를 보되 진사 이상 벼슬을 하지 마라.
2. 만석 이상의 재산은 사회에 환원하라.
3. 흉년기에는 땅을 늘리지 마라.
4. 과객을 후하게 대접하라.
5. 주변 100리 안에 굶어 죽는 사람이 없게 하라.

## 6. 시집온 며느리는 3년간 무명옷을 입어라.

진사는 그다지 높지 않은 관직이었다. 높은 벼슬에 있으면 당쟁에 휘말려 재산을 잃기 쉬웠기에 그들은 낮은 관직을 고수했다. 흉년은 부자가 땅을 늘릴 기회였지만 이는 최부잣집에선 허용되지 않았다. 흉년에 굶주리다 못해 농사지을 땅을 팔아야 했던 농민들의 원통한 심정을 헤아릴 줄 알았기 때문이다. 대신 굶주린 사람이 집으로 찾아오면 언제든 후하게 대접했다. 부잣집이라고 해서 비싼 옷을 입으며 재물을 과시하는 것도 금물이었다. 이러한 원칙은 어려운 시기에 더욱 빛을 발했다.

1670년, 조선 팔도는 전염병, 가뭄, 수해, 서리와 우박으로 인한 농작물 피해 등 온갖 자연재해로 사상 최악의 대기근을 겪었다. 이는 삼남 지방에서 특히 심했는데, 백성들은 서로 도둑질하기 바빴고, 조금이라도 곡식이 있는 집은 약탈의 대상이 됐다. 이런 아비규환 속에서도 최부잣집은 어떠한 화도 당하지 않았다. 굶주린 이들을 위해 곳간을 활짝 열었기 때문이다. 그리고 거대한 곳간의 바닥이 드러날 때까지 쉼 없이 죽을 끓였다. 지옥 같은 재앙 속에서 최부잣집은 그렇게 희망의 씨앗을 심어주었다. 최부잣집의 마지막 만석꾼 최준은 "재물은 분뇨와 같아서 한곳에 모아두면 악취가 나지만 골고루 흩뿌리면 거름이 되는 법"이라는 말을 남겼다고 한다. 재산을 나눌 줄 아는 관용적인 태도야말로 최부잣집의 가장 튼튼한 보험이 아니었을까. 〔손숙경, 『경주 남쪽의 대종가, 경주 잠와 최진립 종가』(예문서원, 2013) 참고〕

저녁 자리에서 이러한 이야기를 전하던 시민쌤은 "정서적으로 감동을 받았다"라고 덧붙였는데, 그 말에서 그 진심이 고스란히 느껴졌다.

# ✦ 달콤한 경주 맛보기

촬영할 때마다 간식거리를 사 오곤 했던 교익쌤은 이번에도 경주의 대표 간식, 황남빵을 사 들고 왔다. 황남빵은 달걀과 밀가루로 만든 얇은 반죽 안에 팥소를 듬뿍 넣고 빗살무늬 도장을 찍어 노릇하게 구운 빵이다. 1939년 제빵사 최영화 씨가 개발했는데, 황남동에서 처음 팔기 시작해 황남빵이란 이름이 붙었다. 현재는 경주를 대표하는 빵으로 자리 잡아 경주시의 특산 명과로도 지정되었다고 한다. 맛은 일반적인 단팥빵과 비슷한데, 팥소가 그리 달지 않고 반죽이 얇고 쫀득해 중독성이 강하다. 안 먹어본 사람은 있어도 하나만 먹어본 사람은 없는 맛! 쌤들 역시 토크를 나누다 말고 여러 번 황남빵 상자로 손을 뻗었는데, 경주 출신인 시민쌤은 이 일에 무척이나 죄책감을 느꼈다.

사실 교익쌤의 선물을 가장 반긴 이가 바로 시민쌤이었는데, 그가 어린 시절 누린 최고의 호사가 황남빵이었기 때문이다. 교사로 일하던 그의 아버지가 학부형들에게 선물을 받아야만 맛볼 수 있는 특별 간식이었다는 것이다. 그 당시의 간식은 삶은 고구마나 찐 옥수수 정도였으니, 한창 단것을 좋아할 어린 나이에 황남빵이 얼마나 맛있었을지는 충분히 짐작이 간다. 그런데 식구가 많았기 때문에 한 사람당 한 개, 운이 좋아야 두 개씩만 배당되었고, 그에게 황남빵을 한입 크게 베어 먹는 것은 무척이나 야만적인 행위였다. 그는 어린 시절 자신이 황남빵 먹던 모습이라며 앞니를 이용해 아주 조금씩 빵을 갉아먹는 걸 보여주었다. 황남빵 앞에서 어린 시절로 돌아간 그에게 죄책감 가지지 말고 마음껏 크게 베어 먹으라고 말해주고 싶었다.

재승쌤과 MC희열은 성동시장을 구경하며 노점에서 파는 길 커피를 맛보았다. 식사를 마친 두 사람이 커피 마실 곳을 찾자 시장 상인들이 길 커피를 추천해주었는데, 막상 도착하니 노점은 문을 닫은 듯 보였다. 쌤들은 물론 분량을 건지지 못하게 된 스태프들도 실망한 기색을 감추지 못할 즈음, 주변의 상인 아주머니께서 "길 커피야!"라고 외쳤다. 그 소리를 듣고 한걸음에 달려온 길 커피 사장님은 능숙한 손놀림으로 커피, 프림, 설탕을 담아 황금 비율 커피를 제조했다. MC희열은 한 모금을 마시고는 곧바로 "오, 맛있어요!" 하고 감탄했다. 더위와 피로로 지쳐 있던 스태프 몇 명도 길 커피를 주문했는데, 모두 여태껏 마신 인스턴트커피 중 최고라고 했다. 경주에 간다면, 성동시장 길 커피를 추천한다.

# 경주에서 만난, 맛난 문어

경주의 저녁 메뉴는 쌤들이 묵는 숙소 내 식당의 한정식이었다. 여기에 경주의 별미, 문어가 추가되었다. 영하쌤이 다른 쌤들과 스태프들을 위해 문어를 사 온 것이다. 경주로 가는 기차에서 성동시장의 문어가 맛이 좋다는 이야기를 전해 들은 그가 흔쾌히 자신이 문어를 쏘겠다(?)고 했고, 삼릉과 박물관을 둘러본 뒤 문어를 사기 위해 부러 시장에 들렀다. 맛은 대만족이었다. 해산물을 좋아하지 않는다고 했던 스태프들까지 문어에서 치즈케이크 맛이 난다며 호들갑을 떨었으니 말이다. 이렇게 맛 좋은 문어를 먹으니 또 문어 이야기를 안 할 수가 없었다.

시작은 문어가 동서양 모두에서 무척 특별한 존재였다는 것이었다.

동양에서는 오래전부터 문어를 똑똑한 동물로 여겼다. 글을 쓰는 데 필요한 먹물을 커다란 머리 가득 품고 있기 때문이다. 물론 과학적으로는 말도 안 되는 이야기다. 알다시피 문어가 가진 먹물과 먹을 갈아 만든 먹물은 전혀 다르니 말이다. 게다가 문어의 머리처럼 보이는 부분은 사실 몸통이고, 먹물이 가득 들어 있지도 않다. 하지만 문어가 똑똑한 것은 사실이다. 문어는 무척추동물 중 지능이 가장 높다고 한다. 이렇게 높은 지능 때문에, 서양에서는 종종 괴물로 묘사되곤 한다. 문어와 비슷한 외양을 가진 '크라켄'이란 거대한 바다 괴수가 그 예이다. 프랑스의 소설가 쥘 베른이 1870년에 발표한 소설『해저 이만 마일』에서도 문어와 비슷한 생김새를 가진 괴물이 등장한다.

독특한 외양에 머리도 좋은 생물이니, 사람들이 문어에게 두려움과 경외감을 가진 것은 당연한 일이었는지도 모른다. 그러나 경주에서 문어는 모두의 입을(먹을 때와 말할 때) 즐겁게 해준 고마운 녀석이었다.

알아두면 쓸 데 있는 '경주'의 장소들

### 황리단길

다양한 맛집과 예쁜 카페로 최근 경주의 핫 플레이스로 자리 잡은 곳이다.

 경북 경주시 포석로 1080

### 대릉원

신라의 독특한 무덤군으로 왕, 왕비, 귀족의 무덤 23기가 모여 있는 곳이다. 신라 문화의 정수를 엿볼 수 있는 귀중한 유물이 출토되었으며, 천마총과 미추왕릉으로 유명하다.

 경북 경주시 황남동

### 한국대중음악박물관

우리나라 최초의 노래부터 최근 K-POP 음악까지 다양한 음악 관련 자료를 만날 수 있다. MC희열이 이곳에서 〈익숙한 그 집 앞〉을 연주했다.

 경북 경주시 엑스포로 9

### 경주 세계문화 엑스포공원

황룡사 9층 목탑을 테마로 디자인된 경주 타워와 미술관, 박물관 등을 둘러볼 수 있다.

 경북 경주시 경감로 614

## 경주월드

보문관광단지 안 호숫가에 있는 경주 유일의 놀이공원이다. 스릴 넘치는 놀이기구들을 체험할 수 있다.

 경북 경주시 보문로 544

## 감은사지 3층 석탑

바다에 묻혀서라도 왜구를 막으려던 문무왕의 뜻이 깃든 곳이다. 현재는 절터 위에 감은사지 3층 석탑만 남아 있다.

 경북 경주시 양북면 용당리 55-1

## 불국사 & 석굴암

국보 제24호 석굴암은 동아시아 불교 예술의 최고 걸작으로 손꼽힌다. 석굴암은 불국사와 너불어 1995년에 유네스코 세계문화유산으로 등재되었다.

 불국사: 경북 경주시 불국로 385
석굴암: 경북 경주시 불국로 873-243

## 삼릉

신라의 아달라왕, 신덕왕, 경명왕의 무덤이 모여 있는 곳이다. 능을 둘러싼 빼곡한 소나무 숲은 안개가 자욱할 때면 한 폭의 수묵화를 보는 것 같은 느낌을 선사한다.

 경북 경주시 배동

### 첨성대 & 교촌마을

첨성대를 둘러보았다면 바로 근처의 교촌 마을로 가보자. 교촌마을은 최부잣집으로 유명한 최씨 고택이 있는 마을이다. 경주의 전통 술 교동법주가 여기서 탄생했다.

 첨성대: 경북 경주시 인왕동 839-1
교촌마을: 경북 경주시 교촌길 39-2

### 동궁원

신라에서 연회를 베풀던 별궁의 이름을 딴 테마 파크. 동궁 월지 주변으로 진귀한 새와 짐승을 길렀다는 사료에 기초해 이 동궁원을 조성했다. 신라의 한옥 구조를 본뜬 식물원과 250종 이상의 새를 만날 수 있는 버드 파크가 있다.

 경북 경주시 보문로 74-14

### 보문호

경주의 옛 성터 아래 조성한 인공 호수이다. 체험형 여행자 영하쌤이 찾은 곳으로 오리배와 자전거로 액티브한 활동을 경험할 수 있다.

 경북 경주시 신평동

### 국립경주박물관

신라의 건국과 번영 과정을 알 수 있는 박물관이다. 아이의 울음소리가 들린다는 성덕대왕신종도 볼 수 있는데, 종의 보호를 위해 현재는 녹음된 소리만 들을 수 있다.

 경북 경주시 일정로 186

### 문무대왕릉

삼국 통일을 완수한 문무왕의 무덤으로, 동해에 묻혀서라도 통일된 국가를 지키겠다는 문무왕의 의지가 담겼다.

 경북 경주시 양북면 봉길리 26

### 충의당 & 충노비

충의당은 임진왜란과 병자호란에 모두 참전한 최진립 장군의 생가다. 최진립 장군을 따르다가 함께 전사한 노비 기별과 옥동을 기리는 충노비도 볼 수 있다.

 경북 경주시 내남면 이조3길 28-17

### 양동마을

월성 손씨와 여강 이씨의 집성촌이다. 약 160여 채의 조선 시대 기와집과 초가집이 보존되어 있다. 유네스코 세계문화유산으로 지정되었다.

경북 경주시 강동면 양동리 125

**성동시장**

경주역 근처에 있는 재래시장이다. 원하는 대로 음식을 덜어 먹는 뷔페식 백반, "길 커피야!" 하고 부르면 나타나는 길 커피, 우엉이 가득 담긴 우엉 김밥 등을 맛볼 수 있다.

**팔우정 해장국 거리**

교익쌤이 적극적으로 추천한 곳으로, 모자반과 묵이 듬뿍 들어간 경주만의 해장국을 맛볼 수 있다.

 경북 경주시 동문로24번길 12

 경북 경주시 황오동 317-4

✦ 읽어두면 쓸 데 있는 **Book Pick!**

### 일연의 『삼국유사』

고려 후기의 승려 일연이 집필한 역사서로, 고조선부터 고려까지를 다루었으며, 다양한 신화와 설화가 실려 있다. 주체적인 시각으로 민족사를 바라보았다는 점에서 무척 뜻깊은 책이다.

📖 김원중 옮김, 민음사, 2008

---

### 김부식의 『삼국사기』

고려 정부의 주도로 편찬된 역사서로, 신라, 백제, 고구려 삼국의 역사를 다루었다. 역사적 사건이 발생한 시기를 밝히고 있어 고대사 연구에 무척 중요한 자료다.

📖 이강래 옮김, 한길사, 1998

---

### 헨리 조지의 『진보와 빈곤』

젠트리피케이션이 세계적 문제로 떠오르며 다시금 주목받은 책이다. 저자 헨리 조지는 이 책을 통해 빈부격차에 대한 나름의 해결책을 제시했다.

📖 이종인 옮김, 현대지성, 2019

# 대한민국의 어제와 오늘, 그리고 내일이 공존하는 곳 '공주·세종·부여'

# ✦백제 특집의 시작은 연잎밥으로~

　지금까지 경상도와 강원도, 전라도를 갔으니, 이번엔 자연스레 충청도로 방향이 정해졌다. 어느 도시를 가야 하는지 결정하는 데에도 그리 오래 고민을 하지는 않았다. 반박할 수 없는 쌤들의 조언 덕분이었다.

　"저번에는 신라였잖아요. 이번엔 당연히 백제 특집 해야죠!"

　그렇게 결정된 여행지는 무려 세 군데. 백제가 전성기를 구가했던 도시인 공주, 백제의 마지막이 결정되었던 도시 부여, 한때 백제 문화권이었으며 현재 정부종합청사가 있는 세종이었다.

　방문 도시가 세 곳이나 된다는 것 외에도 이번 여행의 특별함은 한 가지 더 있었다. 쌤들이 직접 운전대를 잡고 여행을 한 것이다. 한 번 정도는 직접 차를 몰면서 여행을 하면 어떠냐는 쌤들의 제안이 있었는데, 때마침 전기자동차 협찬 제의가 들어왔다! 기가 막힌 타이밍이었다. 덕분에 재미난 장면도 연출되었다. 운전자를 정하기 위해 가위바위보(유난히 가위바위보에 약한 영하쌤이 운전자로!)를 하고 자동차 배터리를 충전하면서 장난을 치는 쌤들의 모습을 볼 수 있었던 것이다. 자동차 여행은 이렇게 버스나 기차를 탈 때와는 또 다른 즐거움으로 여행길의 설렘을 가져다주었다.

첫 번째로 도착한 곳은 교익쌤이 추천한 연잎밥을 파는 식당이었다. 교익쌤은 다른 쌤들보다 먼저 공주에 도착해 있었다. 사실 교익쌤이 빠진 공주로 향하는 차 안에서, 세 명의 쌤과 MC희열은 맛집을 검색하느라 난리였다. 이윽고 시민쌤이 스마트폰 검색으로 찾은 내용을 바탕으로 어죽이 맛있다는 이야기를 꺼냈다. 그렇게 여론은 어죽을 한번 먹어보자는 쪽으로 기울었다. 시민쌤 특유의 입담 덕분이었다. 교익쌤에 비해 맛집이나 음식에 대한 정보는 조금 부족할지라도, 그는 언제나 자신만의 방법으로 맛집을 찾아내곤 했다. 통영에선 해물뚝배기, (비록 방송에는 나가지 않았지만) 경주에선 한정식, 전주에선 순대국밥이 그가 찾아낸 숨은 맛집이었다. 정확한 기준을 알 수는 없지만 그가 찾아낸 식당에 따라가면, 이상하게 뭐든 맛있다는 것이 스태프들 사이의 정설이었다. 새로운 맛집을 찾아냈다는 것이 신이 나서는 "맛있다!" "맛있지?"를 연발하는 시민쌤 덕분에 덩달아 기분이 좋아져서 입맛도 살아나기 때문이 아닐까 싶다.

그런 시민쌤이 이번엔 교익쌤에게 선선히 메뉴를 양보했다.

여름 어죽은 흙내가 심하다는 교익쌤의 말에 "좀 그렇죠?" 하고 적극적으로 동조하면서 말이다. 아마도 지역의 대표 메뉴를 고민하는 교익쌤의 세심함, 그리고 자신이 좋아하는 연잎밥을 골라준 애틋한(?) 마음에 마음이 움직였던 것 같다.

# 전봉준 장군의 별명은
## 어쩌다 녹두가 되었을까?

식사를 마친 시민쌤이 공주에서 가장 먼저 찾아간 곳은 대학 시절의 추억이 깃들어 있는 우금치 전적지였다. 한때 그는 동학농민군의 정신을 본받고자 이곳에 왔었다고 한다. 동학혁명군위령탑만이 우두커니 서 있을 뿐, 허허벌판인 그곳에서 우리는 조금 당황스러웠다. 카메라에 무엇을 담아야 할지 고민이 많았던 탓이다(결국 우금치 촬영분은 거의 쓰지 못한 채, 동학농민군 자료로 대신했다).

동학농민군은 이 벌판에서 전열을 가다듬었다. 1894년 12월이었다. 그해 2월 고부민란으로 한 차례 봉기했던 동학농민군은, 민란을 수습하러 온 관리가 오히려 농민들에게 민란의 책임을 묻자 다시금 힘을 합해 반란을 일으켰다. 이들은 전주성을 점령한 뒤 전주화약을 맺고 해산했지만, 외세가 조선 땅에 발을 들이자 다시금 집결한다. 그렇게 동학농민군과 조선-일본 연합군은 우금치에서 결전을 벌인다. 결과는 조선-일본 연합군의 완승이었다. 구식 화승총과 죽창으로 무장한 동학농민군은 신식 무기로 무장한 관군의 상대가 되지 않았다. 동학농민군은 바로 이 우금치에서 몰살당하는데, 시민쌤의 표현에 따르면 이는 "조선을 개혁할 마지막 동력이 꺼져버린 사건"이었다.

그러나 동학농민군은 결코 헛되게 스러지지 않았다. 동학농민운동은 조선 백성들이 힘을 합쳐 봉건사회와 외세에 저항한 뜻깊은 사건이었고, 후에 일어난 3·1 운동과 대한민국의 민주주의에도 큰 영향을 미친 것으로 평가된다. 청년 시절 시민쌤이 동학농민군의 정신을 본받고자 한 것처럼, 동학농민군과 이들을 이끈 전봉준 장군은 역사의 고비에서 많은 이에게 민중의 희망으로 남았다.


저녁 자리에서도 동학농민운동 이야기가 이어졌다. 교익쌤의 이야기가 특히 흥미로웠는데, 교익쌤은 전봉준 장군에 대한 민중의 사랑을 보여주는 예가 바로 '녹두장군'이라는 별명에 있다고 했다. 체구가 녹두처럼 작아 그를 녹두장군이라 부른다고 흔히 알고 있지만, 사실 녹두에는 더 풍요로운 의미가 있다는 것이다.

녹두綠豆는 그 이름대로 녹색을 띠는 곡식으로, 낱알의 모양은 팥을 닮았다. 싹을 틔우면 숙주나물이 되고, 물에 불렸다가 갈아서 부치면 빈대떡이 된다. 그뿐 아니라 녹두묵(청포묵)의 주재료가 되기도 한다. 말하자면 하나의 곡식으로 여러 음식을 만들 수 있는 것이다. 게다가 기르기도 쉽다. 콩이나 팥보다 빨리 자라고, 척박한 땅에서도 용케 싹을 틔운다. 그러니 어려웠던 시절에 녹두만큼 고맙고 유용한 작물도 없었을 것이다. 당시의 농민들에게 전봉준 장군도 그런 존재가 아니었을까? '녹두장군'이라는 말이 더욱 귀하게 여겨졌다.

# 의자왕은 억울하다

우금치 전적지를 둘러본 뒤 시민쌤은 부여의 백마강으로 향했다. 유람선을 타기 위해서였다. 그런데 언제나 날씨 운이 좋기로 소문난 〈알쓸신잡〉 팀답지 않게, 이날은 하늘이 흐리고 비가 내렸다. 유람선을 타는 곳에도 날씨 탓인지 사람들이 많지 않았다. 그래도 비가 내리는 강의 풍경은 나름대로 운치가 있어서 백제의 마지막 날을 쓸쓸히 떠올리기 좋았다.

백마강은 충청남도 부여군 북부를 지나며 군산으로 흘러가는 강이다. 유람선을 타고 백마강의 정경을 즐기다 보면 울창한 나무로 뒤덮인 부소산과 작은 암자가 마련되어 있는 낙화암이 보인다. 낙화암은 '꽃이 떨어진 바위'라는 뜻인데, 백제가 멸망하던 날 의자왕을 보필하던 3,000명의 궁녀가 투신하여 정절을 지켰다는 전설에서 유래한 이름이다. 그런데 어째, 낙화암은 3,000명이 함께 있을 만한 공간처럼 보이지가 않았다. 아니, 3,000명이 다 무슨 말인가, 저 좁다란 바위에는 300명도 어려울 듯했다.

"설마 여기, 삼천 궁녀 이야기 믿는 분은 없죠?"

유람선이 낙화암 쪽으로 나아갈 때, 시민쌤이 스태프들에게 물었다. 그러더니 잘못된 역사적 정보의 유해함에 대해 열변을 토했다. 이는 저녁 토크 자리에서도 계속되었다. 시민쌤은 "의자왕의 억울함을 이제는 좀 풀어줘야겠다" 하고 말문을 열었다.

의자왕은 사연이 많다. 백제의 31대 왕인 그는 「서동요」로 유명한 무왕의 장남이다. 맏아들임에도 아버지가 왕위에 오른 지 30년이 넘어서야 태자로 책봉되는데, 이때 의자왕의 정확한 나이는 밝혀지지 않았지만 30대 중반 이상이라고 추정된다. 결혼과 출산, 사망 등이 지금보다 훨씬 일렀던 고대 사회에서 30대 중반은 결코 적은 나이가 아니었을 것이다. 이 때문에 의자왕의 출생에 대해선 여러 설이 제기된다. 모친이 미천한 가문 출신이라거나 백제의 적대국인 신라의 진평공주(바로 「서동요」의 주인공!)라는 이야기 등이다. 하지만 출생이 어찌 되었든 의자왕은 자신의 약점을 극복하고 왕위에 올랐으며, 신라를 공격해 40여 성을 함락시키는 등 백제를 부강하게 만들었다. 『삼국사기』는 그런 의자왕을 '해동증자', 즉 '학식이 높고 부모에게 효도하며 형제 사이에 우애가 깊은 인물'이라 평했다. 하지만 의자왕이 3,000명의 궁녀를 거느렸다는 이야기는 사료에서 증거를 전혀 찾을 수 없다. 백제보다 훨씬 더 넓은 영토에 강력한 왕

"설마 여기, 삼천 궁녀 이야기 믿는 분은 없죠?"
시민쌤은 "의자왕의 억울함을 이제는 좀 풀어줘야겠다"
하고 말문을 열었다.

권을 구축했던 조선 시대에도 궁녀의 수는 500명 정도였다니, 당시의 인구와 백제라는 나라의 규모를 생각하면 3,000명은 어이없는 숫자가 아닐 수 없다.

찬란했던 백제의 역사를 지키지 못한 것은 의자왕의 잘못일지 모른다. 그렇지만 방탕하게 노는 남자를 의자왕에 빗대는 그의 억울함은 이제 좀 풀어주었으면 좋겠다.

# ⁺✦천년 넘게 비어 있는 방, 무령왕릉

시민쌤이 유람선을 타고 비 내리는 백마강을 즐기는 동안, 교익쌤, 영하쌤, MC희열은 무령왕의 무덤을 보러 갔다. 무령왕은 한강 유역을 잃고 위기에 빠졌던 백제를 다시금 안정시키고 중흥을 이끌었던 왕이다. 그의 무덤인 무령왕릉은 백제의 왕릉 중 유일하게 도굴되지 않은 채로 발견되었는데, 무려 4,600점의 부장품이 발견되었다. 이 이야기에 모두가 놀란 가운데, 영하쌤만이 자신의 방만 털어도 잡다한 물건이 3,000점 정도는 나올 텐데, 왕의 무덤이니 온갖 좋은 것을 넣어드리지 않았겠냐고 말해서 모두를 웃게 했다.

이렇듯 귀중한 사적지인 무령왕릉은 발굴의 과정에서 유물이 다수 훼손된 안타까운 사연도 있다. 1971년 7월, 한 인부가 고분 관리를 위해 배수로를 만드는 작업 중 우연히 무령왕릉을 발견했다. 당시 백제 시대 왕릉은 전부 도굴을 당했던 터라 무덤의 주인이며 무덤이 만들어진 연대를 찾기가 쉽지 않았던 상황이었다. 그러니 도굴의 흔적이 전혀 없는 왕릉이 발견된 것

은 아주 이례적인 일이었고, 곧 무덤을 조사하기 위한 발굴단이 파견되었다. 무덤의 주인은 금방 밝혀졌다. '영동대장군백제사마왕', 무령왕을 지칭하는 지석이 발견된 것이다.

그러나 상황은 좋게만 흘러가지 않았다. 기자들은 무덤 안으로 들어가보겠다고 아우성이었고, 금세 소문이 퍼져 구경꾼들까지 몰려들었다. 경찰은 이들을 제대로 통제하지 못했고, 무덤 앞은 말 그대로 아수라장이었다. 그런 악조건 속에서 발굴단은 최악의 판단을 내리고 만다. 마치 도굴꾼들처럼 자루에 유물들을 쓸어 담아, 며칠 만에 발굴을 끝내버린 것이다. 심지어 무덤 내부를 찍은 사진 한 장 남기지 않았다. 이러한 무령왕릉 졸속 발굴 사건은 한국 고고학계의 커다란 아픔으로 남았다. 이를 두고 한 역사학자는 아래와 같은 평을 남겼다.

> 무령왕릉은 우리에게 32테라바이트 외장 하드에 가득 담긴 선물을 주었는데, 한번 잠깐 열어 디렉터리만 확인하고는 그만 포맷을 해버리고 말았다. 이는 씻을 수 없는 능욕이다.
>
> —김태식, 『직설 무령왕릉』 서문 (메디치미디어, 2016)

현재 무령왕릉 입구는 막혀 있다. 대신 모형으로 재현해놓은 체험관을 마련해두었다. 쌤들도 직접 들어가 무령왕이 된 기분을 만끽했는데, 정말 '방' 같다는 말이 연신 나왔다. 궁륭형의

천장에, 벽면에는 등불을 넣는 홈이 파여 있었고, 관을 올려두었던 단은 작은 침대처럼 보였다. 누군가가 잠시 자리를 비운 빈방이라면 딱 맞았다. 그런데 그가 천년이 넘는 세월 동안 자리를 비우고 있다는 것! 역사의 무게란 이런 것인가.

# ✦ '교련'이 뭐예요?

　영하쌤의 다음 목적지는 세종시였다. 교과서박물관을 둘러보기 위해서다. 이곳은 한 출판사가 건립한 사설 박물관으로, 시대별 교과서를 통해 한국 교육사를 조망할 수 있는 공간이다. 해방 직후 미군정청이 만든 임시 교재부터 시작해, 요즘 학생들이 공부하는 교과서에 이르기까지 세대별로 전시되어 있는 것은 물론, 북한에서 사용하는 교과서도 볼 수 있을 정도로 그 자료의 양이 상당했다. 특히 옛날 교실 풍경을 재현해놓은 공간이 인상적이었다. 영하쌤은 자신이 다닌 초등학교(그가 다니던 시절에는 국민학교!) 모습과 똑같다며 감탄을 연발했다.

　영하쌤이 들려준 교련 수업 이야기는 2, 30대의 젊은 스태프들에게는 완전히 다른 세상 이야기였다. 남학생은 제식훈련과 총검술, 여학생은 붕대 감는 법 등 전쟁 시 활용할 수 있는 구급법을 배웠다고 했다. 교련 수업은 사실 일제의 잔재다. 일제강점기, 일본은 학생들에게 군국주의 사상을 심기 위해 교련 수업을 실시했고, 이러한 관행은 광복 이후에도 청산되지 못한 채 1990년대까지 이어졌다. 쌤들은 모두 이 교련 수업을 받아온 세대다. 더군다나 이러한 교련 수업은 단지 교과목에만 국한되지 않고, 학교 전반에 위계가 뚜렷한 군대 분위기가 팽배해 있었다고 한다. 군복을 입은 교련 교사들이 학교에 상주하며 학생들을 체벌하고, 다른 교과목 교사들 역시 강압적인 태도로 수업을 지도하는 식으로. 심지어 맏형들인 시민쌤과 교익쌤은 초등학교 시절에도 교무실에 들어갈 때면 학년과 반을 선창하며 군대식 경례를 했다는 말로 모두를 놀라게 했다. "1학년 3반 김알쏠, 용무 있어서 왔습니다!" 하는 식으로 말이다.

교과서박물관에 다녀온 영하쌤은 과거와는 사뭇 달라진 요즘의 분위기를 전해주었다. 초등학교의 경우 『봄』, 『여름』, 『가을』, 『겨울』 등으로 친근한 이름의 교과서가 있고, 지구의 미래를 배울 수 있는 『환경과 녹색 성장』, 학생들의 진로를 찾는 데 도움을 줄 수 있는 『진로와 직업』 등의 교과목도 있다는 것이다. 불과 20여 년 전까지 교련 수업을 받던 것을 생각하면 정말 큰 변화이다. 교과서를 살펴보는 것으로 우리나라의 어제와 오늘, 나아가 내일까지 그려볼 수 있다니, 쌤들과 함께하면 신비한 경험투성이다.

# ⁺ᐟ다들 공룡 좋아하시죠?

공주에선 모두가 시간 여행자가 된 것 같았다. 무령왕릉 다음으로, 교익쌤과 MC희열은 구석기 유적을 볼 수 있는 석장리 박물관을, 재승쌤은 한국자연사박물관을 찾았다.

한국자연사박물관은 다양한 공룡 자료를 전시하고 있는 곳이다. 특히 1층의 브라키오사우루스 표본이 유명한데, 브라키오사우루스의 표본을 볼 수 있는 곳은 전 세계를 통틀어 세 군데밖에 없다. 브라키오사우루스는 쥐라기 후기에서 백악기 초기에 살았을 것으로 추정되는 거대한 초식 공룡으로, 몸의 길이가 무려 25미터에 몸무게가 약 70톤 정도였다고 한다. 영화 〈쥬라기 공원〉에서 긴 목으로 나뭇잎을 따먹던 커다란 공룡이 바로 브라키오사우루스다. 등장인물들이 그 모습을 경이롭게 올려다보는 장면은 영화사에 길이 남을 명장면으로 손꼽힌다. 박물관 내 표본의 크기 역시 어마어마했다.

재승쌤은 브라키오사우루스 표본 앞에서 흥분을 감추지 못했다. 해설사 선생님에게 공룡에 대한 질문을 속사포처럼 쏟아낸 그는 박물관을 꼼꼼히 둘러보며 사진을 찍고 메모를 남겼

영화 〈쥬라기 공원〉에서 긴 목으로 나뭇잎을 따먹던
커다란 공룡이 바로 브라키오사우루스다.
등장인물들이 그 모습을 경이롭게 올려다보는 장면은
영화사에 길이 남을 명장면으로 손꼽힌다.

다. 관람을 마치고 나서는 길에 기념품 가게에 들러 공룡 인형을 사는 일도 잊지 않았다. 이런 그였으니, 저녁 자리에서 공룡 이야기를 꺼냈을 때 다른 쌤들의 반응에 다소 충격을 받은 것은 어쩌면 당연했다.

"다들 공룡 좋아하시죠?"

그의 질문에 쌤들은 하나같이 고개를 저었다.

"공룡이 저랑 무슨 상관이에요."

"아기 공룡 둘리 정도만 좋아했는데⋯⋯."

1993년에 개봉해 전 세계를 신선한 충격에 빠뜨린 영화 〈쥬라기 공원〉 이야기가 나오고 나서야 다른 쌤들도 활기를 찾았다. 그런데 재승쌤은 이 영화의 제목이 조금 부적절하다고 했다. 영화 속에 등장하는 티라노사우루스, 벨로키랍토르 등은 쥐라기가 아닌 백악기 시대를 살았던 종이기 때문이다. 그리고 재승쌤은 〈쥬라기 공원〉 속 과학자들이 모기를 이용해 공룡 복원에 성공한 것처럼 공룡의 DNA를 재현하는 일도 아직은 불가능하다고 했다. 화석으로 보존되었다고 해도 6,500만 년 전에 멸종된 종의 DNA는 복원이 어렵기 때문이란다. 그러면서 약 1만 년 전에 멸종된 매머드 정도면 가능할지 모른다는 말을 덧붙였다. 그러면 복원된 매머드를 볼 수 있는 날은 과연 올까?

# ✦냉동 인간은 정말 있다!

자연사박물관에는 공룡 외에도 아주 흥미로운 전시물이 있었다. 과거로 여행하는 우리가 시간 여행자라고 생각했는데, 진짜 시간 여행자가 따로 있었던 것. 2004년 5월 대전에서 발견되어 현재 한국자연사박물관에 보관되어 있는 학봉장군 부부 미라였다. 오랜 시간을 지나 후손들에게 우연히 제 모습을 드러낸 이들은 원래 관에 석회를 입혀 단단히 굳힌 회곽묘에 안치되어 있었다고 한다. 그런데 이 회곽이 외부의 습기와 세균을 차단해주어 미라로 남을 수 있었던 것이다.

이 부부 미라는 〈알쓸신잡〉 역사상 가장 치열했던 냉동 인간 논쟁을 일으켰다.

논쟁의 시작은 MC희열의 질문에서 시작되었다. 그는 "현대판 미라는 어쩌면 냉동 인간이 아닌가" 하는 생각이 든다며, 냉동 인간이 실존하는지 재승쌤에게 물었다. 재승쌤은 냉동 인간 프로젝트를 이미 전문적으로 진행하고 있는 알코어 생명 연장 재단에 대해 설명했다. 알코어 재단은 1972년에 창립되었는데, 현재 150여 명의 사망한 신체를 극저온 상태로 보관하고 있다고 한다. 죽음에 대비하여 냉동 인간이 될 것을 약속한 회원은 1,000명이 넘는다. 이들은 자신을 죽음에 이르게 한 질병을 치료할 수 있을 정도로 과학기술이 발달한 시대가 오면, 그때 다시 신체를 깨워 삶을 이어갈 수 있다고 믿는 것이다.

시민쌤은 이러한 생각에 반감을 드러냈다. 삶이란 가치 있는 관계들의 연속인데, 냉동 인간으로 오랜 세월을 보내고 깨어난다면 그러한 관계들을 회복하기 어렵다는 이유에서였다. 또한 자연의 섭리에 따른 죽음을 거부하는 것이 어리석다고 생각한다고 했다. 여기에 재승쌤은 조금 다른 시각을 제시했다. 미국의 알코어 생명 연장 재단을 비롯한 여러 기업에서 냉동 인간 연구를 진행 중이니만큼, 깨어나 보면 새롭게 관계를 맺을 해동 인간(?)들이 많지 않겠냐는 것이었다. 그리고 시대가 바뀜에 따라 죽음에 대한 관념 자체가 바뀔 수도 있다고도 덧붙였다. 현재 우리는 죽음을 극복할 수 없는 운명이라고 생각하지만, 미래에는 죽음이 극복할 수 있는 질병의 한 종류가 될 수도 있다고. 시민쌤은 기세를 한 풀 꺾고, 그러나 여전히 다 받아들일 수는 없다는 듯이 "그럴 수도 있을 것 같다. 물론 나는 하지 않을 거지만……"이라고 이야기를 마무리 지었다. 이날은 단순한 토크를 넘어선 토론의 미학이 빛났던 날이었다.

# ✦좋은 고기를 고르는 안목

공주에선 처음으로 저녁에 고기를 구웠다. 시민쌤을 위한 자리였다고나 할까. 시민쌤이 자신의 고기 굽는 실력을 여러 번 자랑했던 터라 제대로 실력을 보일 기회를 준 것이었다. 그의 말마따나 그는 불판 앞에서도 과연 대단한 실력자였다. 다른 쌤들도 그가 구운 고기의 맛을 본 뒤 그것을 인정하지 않을 수 없었다(그렇게 그는 춘천에서도 닭갈비를 볶게 된다!).

고기를 먹으며 교익쌤이 들려준 마블링 이야기는 고기에 대한 생각을 달리 하게 만들었다. 마블링이란 고기의 단면에 지방 조각이 촘촘히 박혀 있어, 마치 대리석marbling처럼 보인다는 것에서 유래한 말이다. 대개는 이 마블링이 고기에 많이 보일수록 부드럽고 맛이 좋다고 여긴다. 이 같은 인식이 자리 잡은 것은 1992년, 마블링을 중요한 기준으로 내세운 '한우등급제'가 실시되면서부터였다. 하지만 마블링으로 고기의 질을 평가하는 데에는 많은 문제가 있다. 우선 마블링이 많은 고기는 그렇지 않은 고기에 비해 포화지방이 많이 함유되어 있기 때문에 비만, 지방간, 심혈관계 질환을 유발하기 쉽다. 게다가 사육 과정에서 비용도 많이 들고, 동물이 받는 고통도 더 크다고 한다. 소는 원래 풀을 뜯어 먹고 사는 동물인데, 소의 체내에 더 많은 지방을 비축해 마블링이 풍부한 고기를 만들려면 풀 대신 옥수수 사료를 먹여야 하는 것이다. 그러니 자연스레 옥수수를 기르고 사료로 만드는 비용이 추가로 필요해진다. 그러려면 또 상당한 목초지를 옥수수밭으로 써야 한다. 이뿐만이 아니다. 소의 움직임이 커질수록 체내 지방이 소모되고 마블링이 생기기 어렵기 때문에, 이를 방지하기 위해 소들을 평생 좁은 울타리 안에 가두어 기르게 된다. 결론적으로, 마블링이 잔뜩 들어간 고기는 우리의 몸에도, 지구에도, 그리고 동물에게도 모두 좋을 게 없다고 교익쌤은 말했다.

　이것을 증명이라도 하듯, 2019년 12월부터 한우등급제가 개편되어 육색과 지방색, 조직도 등을 자세히 고려해 등급을 매긴다고 한다. 이제는 좋은 고기를 고르는 기준도 바뀌게 되겠지?

## 알아두면 쓸 데 있는 '공주·세종·부여'의 장소들

### 무령왕릉

충남 공주에 있는 백제 무령왕과 왕비의 무덤.
백제의 고분 중 유일하게 주인이 정확히 밝혀
진 무덤이다. 발굴 당시 많은 양의 유물이 함께
발견되어 백제 문화 연구에 큰 도움이 되었다.

📍 충남 공주시 웅진동 57

### 우금치 전적지

동학농민운동 당시 동학농민군이 조선-일본
연합군을 상대로 전투한 전적지이다. 공주에
서 부여로 넘어가는 길목인 우금치 고개(터널)
근처에 있다.

📍 충남 공주시 금학동

### 대통령 기록관

세종시에 있는 국가기록원 소속 기관이다. 역
대 대통령들의 문서 및 자료, 간행물 등을 소장
및 전시하고 있다.

📍 세종 다솜로 250

### 신동엽 문학관

「껍데기는 가라」로 유명한 신동엽 시인이 어린
시절과 신혼 시절을 보낸 생가 곁에 마련된 공
간이다. 시인의 육필 원고 및 편지, 사진 등을
볼 수 있다.

📍 충남 부여군 부여읍 신동엽길 12 시인신동엽생가

**백마강 & 낙화암**

백마강은 충청남도 부여군 북부를 흐르는 강이다. 백마강에서 유람선을 타면 낙화암을 볼수 있다.

📍 구드래나루터선착장: 충남 부여군 부여읍 나루터로 72

**석장리 박물관**

우리나라의 대표적인 구석기 유적지인 석장리에 마련된 박물관이다. 선사인들의 삶과 문화를 알아볼 수 있다.

📍 충남 공주시 금벽로 990

**교과서박물관**

우리나라 교과서를 중심으로 외국 교과서, 고서, 연속 간행물 등 교육 관련 자료를 볼 수있다.

📍 세종 연동면 청연로 492-14

## 부여 중앙시장 & 시골통닭

부여의 재래시장이다. 닭 한 마리를 통째로 튀겨주는 담백하고 바삭한 옛날식 통닭집이 유명하다.

## 연잎밥

교익쌤이 시민쌤을 위해 추천한 식당이다. 연잎에 싼 차진 밥과 함께 올방개묵, 떡갈비 등 여러 종류의 반찬을 맛볼 수 있다.

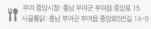 부여 중앙시장: 충남 부여군 부여읍 중앙로 15
시골통닭: 충남 부여군 부여읍 중앙로5번길 14-9

 엄마의식탁: 충남 공주시 반포면 정광터2길 1

## 흑돼지 식당

시민쌤이 고기 굽는 실력을 선보인 곳으로, 아름다운 저수지의 정경을 감상하며 고기를 먹을 수 있는 식당이다.

 엔학고래: 충남 공주시 반포면 불장골길 113-12

### 김태식의 『**직설 무령왕릉**』

무령왕릉의 발굴 과정에서 어떠한 문제점이 있었는지 짚어보는 책으로, 고고학과 권력의 유착관계에 대해서도 아울러 다루었다.

메디치미디어, 2016

### 〈쥬라기 공원〉

1993년에 개봉해 전 세계에 공룡 붐을 일으킨 영화. 본편인 〈쥬라기 공원〉은 2, 3편의 후속작으로 이어졌고, 2015년에는 후속 시리즈인 〈쥬라기 월드〉가 시작되어, 공룡 마니아들에게 다시 한번 뜨거운 사랑을 받았다. 2021년에는 〈쥬라기 월드: 도미니언〉이 공개되어 공룡 시리즈의 대장정을 마무리 짓는다고 한다.

 스티븐 스필버그 감독, 1993

# CHAPTER 6

## 〈로보트 태권V〉에서 활판인쇄물까지, 추억을 소환하는 도시 '춘천'

# 춘천 가는 기차는
## 나를 데리고 가네~

수도권을 제외한 내륙을 한 번씩 들러보았으니, 이번에는 서울에서 조금 가까우면서 재미난 곳에 가보고 싶었다. 그래서 선정된 곳이 바로 많은 이에게 젊은 날의 추억으로 남아 있는 도시, 춘천이었다.

이곳만큼 기차 여행이 어울리는 곳이 또 있을까. 비록 예전의 '경춘선'은 추억 저편으로 사라지고 없지만, 우리는 왠지 더 낭만적인 이름처럼 들리는 '청춘열차'에 몸을 실었다. 춘천으로 향하는 기차 안에서는 가수 김현철의 노래 〈춘천 가는 기차〉 이야기가 빠지지 않았다. 그런데 교익쌤은 본인 세대에겐 〈춘천 가는 기차〉보다 〈소양강 처녀〉가 익숙하다고 했다. 사실 〈춘천 가는 기차〉도 젊은 세대에겐 낯설게 들릴 법한데……. 춘천이 정말 추억의 도시구나, 새삼 느꼈다.

춘천의 추억은 노래 속에만 있는 건 아니다. 공전의 히트를 기록한 드라마의 무대로도 유명하다. 한류 열풍을 선도했던 드라마 〈겨울연가〉가 대표적이다. 중앙시장, 소양로에 위치한 극

중 배용준의 집, 춘천고 담장 등 이 드라마의 촬영지에는 여전히 팬들이 줄을 잇는다.

〈알쓸신잡〉에서 춘천이 방송되고 나면 우리 프로그램을 본 팬들도 이곳을 찾게 될까? 왠지 경쟁심이 생기기도 하는데…… 아, 이 말은 취소다. 상대가 '욘사마'에 '지우히메'라는 걸 깜박했다.

# 춘천 하면 에티오피아예요!

아는 사람만 아는 〈알쓸신잡〉의 유행어가 있다. "강릉 하면 에디슨박물관이죠!" "공주 하면 자연사박물관 아닌가요?"로 웃음을 주었던 이른바 재승쌤의 박물관 시리즈가 그것. '(어디) 하면 (무슨) 박물관이죠'로 이어지는 이 유행어를 춘천 여행에 서는 시민쌤이 활용했다.

"춘천 하면 에티오피아예요!"

이건 박물관 시리즈보다 한 수 위다. 춘천에 에티오피아라 니. 거긴 커피로 유명한 아프리카의 나라 아닌가? 의아해하는 우리에게 시민쌤은 대답 대신 거침없는 행보를 보여주었다. 영 하쌤과 MC희열을 이끌고 그가 향한 곳은 에티오피아한국전참 전기념관이었다.

이곳은 한국전쟁 당시 한국으로 파병되어 국군과 함께 싸웠 던 에티오피아 군인들을 기리기 위해 건립된 공간이다. 에티오 피아는 아프리카에서 유일하게 지상 병력을 보내 전쟁 중인 한 국을 도왔다. 그때까지 한국과 별다른 인연이 없었던 데다, 막 일어서는 나라였던 에티오피아의 파병 결정은 쉬운 일이 아니

이곳은 한국전쟁 당시 한국으로 파병되어
국군과 함께 싸웠던 에티오피아 군인들을 기리기 위해
건립된 공간이다.

었다. 그러나 에티오피아의 하일레 셀라시에 황제는 단호했다. 과거 이탈리아의 침공으로 고통받았을 때, 국제사회의 도움을 받지 못한 채 고립되었던 아픔이 있었기에 에티오피아는 당시 한국의 사정을 누구보다 잘 알고 있었던 것이다. 셀라시에 황제는 황실 친위대로 구성된 강뉴부대를 한국에 파병했고, 강뉴부대는 253전 253승의 놀라운 전력을 보여주었다. 더욱 놀라운 사실은 강뉴부대에선 단 한 명의 포로도 발생하지 않았으며, 전사한 군인 중 시신을 수습하지 못한 사람도 없었다는 것이다.

그러나 이렇듯 커다란 도움을 베푼 에티오피아와 강뉴부대 전사들에게, 한국은 보답한 것이 거의 없다. 한국전쟁이 끝난 뒤 에티오피아는 기근 등으로 경제 상황이 나빠져 세계 최빈국의 대열에 합류했다. 심지어 1970년대 중반에 공산 정부가 수립된 뒤, 한국전쟁 참전 군인들이 탄압의 대상이 되기까지 했다. 자유진영을 위해 싸웠다는 이유에서였다. 한국전쟁 참전 용사들이 모여 살던 에티오피아의 '코리아빌리지'는 빈촌이 되었고, 이들의 후손들까지 경제적 어려움에 시달려야 했다. 급기야 후손들 중 일부가 한국에 난민 신청을 했으나, 한국 정부는 이를 거절했다. 현재는 정부와 민간 업체 등이 참전 용사들과 이들의 가족들에게 도움의 손길을 뻗고 있다. 그래도 한때 목숨을 걸고 전장에 나섰던 이들의 공에 비하면 턱없이 부족한 수준이다.

촬영 중에 기념관 앞에서 정말 우연히(우연이라고 말하기도 놀라운, 기적 같은 일이었다) 한국전쟁에 참전했던 강뉴부대 출신 노신사분들을 만났다. 반가운 마음에 잠깐 이야기를 나눌 수 있냐고 묻는 쌤들의 제안을 흔쾌히 수락한 노신사 중 한 분의 말이 오랫동안 가슴을 먹먹하게 했다.

"한국이 이렇게 아름답게 바뀌어서 보람 있어요. 정말 행복합니다."

## ✦ 취향 따라 먹어보자,
## 춘천의 맛

춘천의 에티오피아 여행은 참전기념관 다음으로 맞은편의 '이디오피아 집'까지 가야 비로소 완성된다. 이디오피아 집은 한국 최초의 로스터리 커피 전문점인데, 그 시작이 무척 뜻깊다. 1968년에 에티오피아 참전 기념비를 보러 왔던 셀라시에 황제가 에티오피아 기념관을 건립하면 어떻겠냐고 제안했고, 이를 전해 들은 한 부부가 사비를 들여 이디오피아 집을 열었다고 한다. 셀라시에 황제는 기뻐하며 '이디오피아 집'이라는 이름을 직접 지어 현판까지 보내주었다. 그가 실각하기 전인 1974년까지는 직접 에티오피아 황실에서 원두를 보내주기도 했다.

이곳에서는 예가체프, 하라르, 시다모 등 에티오피아에서 생산된 원두로 만든 핸드드립 커피를 맛볼 수 있다. 원두마다 향과 맛이 다르다. 세 가지 원두를 모두 맛본 쌤들은 예가체프는 고소한 누룩 향이 느껴지다가 뒤에 위스키 향이 나는 맛, 하라르는 잡미기 없이 끌끔한 맛, 시다모는 달콤한 향이 감도는 묵직한 맛이라고 평했다.

춘천에서 꼭 맛보아야 하는 것은 또 있다. 이 맛을 위해 다섯 명의 쌤은 다 함께 막국수체험박물관을 찾았다. 이곳에선 막국수에 대한 각종 자료를 관람할 수 있는 것은 물론, 직접 메밀을 반죽해 면을 뽑아내는 체험도 할 수 있다. 쌤들은 당연하다는 듯 양팔을 걷어붙이고 메밀 반죽에 나섰다. 발군의 실력을 보인 이는 단연 영하쌤이었다. 평소에도 직접 반죽한 빵을 만든다는 그는 메밀 반죽을 뭉치는 손길부터가 예사롭지 않았다. 영하쌤이 깔끔하게 뭉친 반죽을 들고 제일 먼저 제면기 앞으로 이동할 때까지 다른 쌤들은 메밀가루를 주체하지 못하고 범벅을 만들고 있었다.

메밀면을 뽑는 과정은 생각보다 품이 많이 들었다. 반죽을 투입구에 집어넣은 뒤 기다란 핸들을 있는 힘껏 눌러야 면이 밀려 나오는데, 여기엔 상당한 힘이 필요했다. MC희열은 체중을 모두 실었는데도 면이 나오지 않아 교익쌤까지 두 명이 매달려 면을 뽑아내야 했다. 그렇게 곧바로 뜨거운 물로 쏟아진 면이 잠시 뒤 익으면, 바로 건져 찬물로 헹구어낸다. 이렇게 하는 이유는 전분기를 씻어내어 더욱 탱탱한 면발을 만들기 위해서다.

이 과정이 모두 끝나면 각자의 취향에 맞게 막국수를 만들면 된다. 영하쌤은 동치미 국물을 부어 시원한 물막국수를 만들었고, 시민쌤은 양념장을 잔뜩 넣은 뒤 여러 채소를 곁들여 새콤 달콤한 비빔막국수를 만들었다. 재승쌤은 비빔장에 비벼 먹다가 나중에 동치미 국물을 부어, 한 그릇에서 두 가지 버전을 모두 맛보았다. 두 마리 토끼를 한 번에 잡은 재승쌤의 방법에 좀 더 마음이 끌렸다.

# ⋆잉크 냄새와 함께 사라진 직업들

    시민쌤과 영하쌤, MC희열은 '이디오피아 집'에서 나와 책과 인쇄박물관으로 갔다. 30년 넘게 인쇄소를 운영하던 분이 자비를 들여 만든 이곳에선 지금은 사라진 활판인쇄의 과정을 배우고 체험할 수 있다. 이 체험을 누구보다 반긴 이는 시민쌤이었다. 그는 오랜만에 맡은 잉크 냄새에서 어린 시절을 떠올렸다. 아침마다 배달된 신문을 아버지에게 전해주었던 일, 그 신문을 받아 읽던 젊은 아버지의 모습이 동영상처럼 선명하게 그의 머릿속을 채웠다고 했다.

    잉크 냄새에 대한 시민쌤의 반응에 "책과인쇄박물관은 냄새의 충격이 있어요"라고 설명을 덧붙인 건 역시 활판인쇄로 제작된 책을 읽고 자란 영하쌤이었다. 그리고 이 이야기를 듣던 재승쌤은 이를 '프루스트 현상'이라고 설명했다. 프루스트 현상이란, 마르셀 프루스트의 소설 『잃어버린 시간을 찾아서』에서 주인공이 홍차에 적신 마들렌의 냄새를 맡고는 갑자기 어린 시절의 일들을 떠올리는 것에서 유래한 말이다. 이것은 뇌과학적으로도 타당한데, 후각 정보를 처리하는 후각 신경구가 기억을 다루는 편도체와 가까이 있기 때문이라고 한다.

그런데 요즘 신문에선 어째서 예전같이 신문 냄새가 나지 않을까? 이는 인쇄 방법의 차이 때문이란다. 예전의 방법인 활판인쇄는 납 활자에 잉크를 바른 뒤 압력을 가해 종이에 찍었기 때문에 자연스레 납과 잉크 냄새가 종이에 뱄다. 그러나 요즘에는 모든 과정이 디지털로 처리된다. 이러한 방법은 냄새만 없앤 것이 아니라 투입되는 인력과 비용도 더 적어서, 1인 출판사라는 구조를 늘어나게 한 데에도 일조했다. 그러나 이러한 인쇄기의 발달에서 낙오되는 노동자들에 대한 생각을 또한 하지 않을 수 없다.

저녁 식사 자리에서 책과인쇄박물관 이야기를 들은 교익쌤은 자신이 신문기자로 일했을 때 이야기를 풀어놓았다. 교익쌤이 대학을 졸업한 뒤 신문사에 들어가 기자로 일하기 시작했을 때에는 신문이 활판인쇄로 만들어지던 시절이었다. 그러니 납 활자를 맞추어 인쇄할 판을 짜던 문선공들도 신문사에서 함께 일했는데, 신입 사원이던 교익쌤에게 문선공 선배들은 경이로운 존재였다고 한다. 숙련공들은 납 활자를 찾아내 판을 짜는 손이 어찌나 빠른지 보이지 않을 정도였고, 각 단어에 맞는 한자도 훤히 꿰고 있었단다. 그들은 조판이 틀어질 경우 즉석에서 문장을 수정해주기도 하는, 한마디로 숙련된 손과 지적인 두뇌를 모두 갖춘 엘리트 노동자들이었다. 그런데 몇 년 사이 CTS Computerized Typesetting System가 도입되면서 활판인쇄기는 곧 자취를 감추었고, 자연히 문선공들도 일자리를 잃었다. 신문사에서 문선공들에게 CTS를 교육했지만, 평생 활판을 맞춰온 이들에게 컴퓨터를 다루는 일은 쉽지 않았을 것이다.

이렇듯 우리 곁에서 사라진 직업은 비단 문선공뿐만이 아니다. 버스 요금을 징수하고 하차지를 알려주던 버스 안내원, 극장에 걸릴 영화 포스터를 그리던 영화 간판 화가, 전화를 연결해주던 전화 교환원 등 쌤들이 꼽은 직업만 해도 많았다.

방송가도 마찬가지다. 몇 해 전까지만 해도 카메라 하나에 스태프가 몇 명씩 붙지 않으면 야외 촬영은 불가능했다. 크고 무거운 데다 비싸기까지 한 카메라를 관리하는 데 여러 사람이 필요했던 것이다. 그런데 몇 년 사이 카메라는 작고 가벼워졌고, 비용도 낮아졌다. 그렇게 자연히 카메라맨 혼자서 출연진을 따라다니는 일이 가능해졌다.


앞으로 기술혁신이 거듭되면서 이러한 직업 멸종 현상은 계속될 것으로 보인다.

예전엔 기술의 유효기간이 인간의 수명보다 길었다. 기술 하나를 배워 평생 같은 일을 하면서 생계를 해결하고, 그 기술을 후대에 물려줄 수도 있었다는 이야기다. 그런데 현대사회에서는 기술의 수명이 훨씬 짧아졌다. 기술혁신은 이전보다 자주 일어나며, 그때마다 낙오자들이 발생한다. 말 그대로 프레카리아트Precariat의 시대인 것이다. 프레카리아트란 이탈리아어 Precario(불안정하다)와 독일어 Proletariat(노동자 계급)의 합성어로, 기계가 인간의 노동을 대신하게 된 세계에서 불안정한 단순 노동을 하는 저임금 노동자들을 일컫는 말이다[매경닷컴, 매일경제용어사전 참조].

영하쌤과 재승쌤은 이러한 시대에서 "더는 노동에 집착해선 안 된다"라고 입을 모았다. 노동력을 제공하는 것으로 나의 가치를 인정받는다는 생각 자체에 변화가 필요하다는 것이다. 인간의 노동 없이도 넘쳐나는 자원을 어떻게 분배할 것인가, 그것이 2020년대에 필요한 고민이라는 두 쌤의 말을 온전히 이해하기는 어렵지만, 요즘도 종종 곱씹어보곤 한다.

# 태권V가 언제나 이긴다!

재승쌤과 교익쌤의 추억을 소환한 장소는 애니메이션박물관이었다. 북한강 변에 위치한 국내 유일의 애니메이션박물관인 이곳은 애니메이션의 역사와 제작 과정을 볼 수 있다. 평균 연령 50세의 재승쌤과 교익쌤은 신이 나서 박물관 내부를 누비고 다녔다. 특히 로봇 만화에 푹 빠져 소년 시절을 보낸 재승쌤에게는 더없이 의미 있는 공간이었을 것이다. 저녁 토크 자리에서 나온 〈로보트 태권V〉에 대한 재승쌤의 일화가 이러한 추측을 뒷받침해주는 확실한 증거다.

어느 날 그의 연구실로 〈로보트 태권V〉의 김청기 감독이 찾아왔다고 한다. 심지어 '로보트 태권V' 피규어와 함께였단다! 이유는 〈로보트 태권V〉의 실사화에 대한 과학적인 자문을 구하기 위해서. 〈로보트 태권V〉를 보고 자라, 김 박사(〈로보트 태권V〉에서 태권V를 개발한 과학자)와 같은 과학자가 되기를 꿈꾸었던 재승쌤에게는 정말이지 꿈같은 순간이었다. 재승쌤은 과거에 만화에서나 가능했던 태권V의 기술이 이제는 과학적으로도 가능해진 것을 김청기 감독 앞에서 보여주었다고 했다.

북한강 변에 위치한 국내 유일의 애니메이션 박물관인 이곳은
애니메이션의 역사와 제작 과정을 볼 수 있다.

이야기 끝에 재승쌤은 그것이 자신의 인생에서 손에 꼽히는 감동적인 순간이었다며 당시를 회고했다.

재승쌤은 이어서 태권V 예찬론을 펼쳤다. 물론 매우 과학적인 근거에 기반한 이야기였다. 그는 과학적으로 따지면 마징가Z는 절대 태권V를 이길 수 없다고 했다. 구조적으로, 조종하는 방식에서 극복할 수 없는 차이가 발생한다는 것이다.

우선 마징가Z는 주인공 강쇠돌이 마징가Z의 머리에 장착된 조종석에 앉아 조작하는 방식이다. 따라서 강쇠돌이 움직임을 생각하여 버튼과 핸들을 조작하고, 이를 마징가Z가 인식하고 행동으로 옮기는 데 긴 시간(무려 0.4초!)이 걸린다. 반면 태권V는 주인공 훈의 움직임을 그대로 따라 하는데, 이 경우 움직임을 떠올린 뒤 이를 버튼과 핸들을 조작하는 것에 비해 시간이 무려 0.2초나 절약된다. 실전에서 0.2초는 매우 큰 차이다. 마징가Z가 공격하려고 시동을 거는 사이, 태권V는 이미 주먹을 날린 것이니 말이다. 그래서 마징가Z와 태권V의 싸움은 언제나 태권V의 완승일 수밖에 없다. 마치 이런 얘기에선 재승쌤에게 아무도 반박할 수 없는 것처럼!

# 인간인 듯 인간 아닌 인간 같은 너

재승쌤의 흥분은 여기서 그치지 않았다. 애니메이션박물관에 이어 바로 옆에 토이로봇관이 있었기 때문이다. 이곳에서는 애니메이션이나 영화 속에서 보았던 로봇들을 실제로 볼 수 있으며, 로봇들의 공연을 감상하거나 직접 로봇을 조종해볼 수도 있다. 그런데 로봇을 조작하는 일은 제법 어려워서, 재승쌤조차 로봇 축구 게임에서 진땀을 흘렸다.

그날 저녁, MC희열이 생각지 못한 질문을 했다.

"그런데 왜 로봇들은 다 사람 모양일까요? 예전에는 안 그랬던 것 같은데……."

정말 그랬다. 토이로봇관에 전시되어 있는 로봇 대부분이 얼굴과 몸통을 가진 인간의 모습을 하고 있었다. 단지 기능만을 따지자면 굳이 사람처럼 만들 필요가 없었을 텐데 말이다. 재승쌤은 이 말에 명쾌한 대답을 내놓았다. 로봇에게도 얼굴이 필요하다고. 이는 인간의 인식법과도 관련이 있다. 인간은 외부의 물체를 두 종류로 나누어 판단한다. 얼굴이 있는 존재와 얼굴이 없는 존재로. 심지어 우리 뇌는 얼굴에 대한 정보를 전문으로 처리하는 기관인 방추상회를 가지고 있을 정도다. 사람들은 일단 얼굴을 갖추고 있으면 영혼이 없는 물건일지라도 사회적인 관계를 맺을 수 있다고 생각한다. 아이들이 얼굴을 갖춘 인형은 친구처럼 대하지만 쿠션이나 베개에는 그렇게 하지 않는 것도 이 때문이다. 그러니 얼굴을 갖춘 로봇을 만들어 훨씬 더 친근한 모습을 보이려는 것이다.

하지만 사람과 닮은 모습이 언제나 친밀하게 보이는 것은 아니다. 교익쌤의 경험은 오히려 정반대였다. 해외의 어느 쇼핑몰에 갔던 그는 입장객들에게 눈을 깜빡이며 인사를 건네는 직원이 당연히 사람이라고 생각했다가 잠시 후 그것이 로봇임을 깨닫고 소름이 끼쳤다고 했다.

"불쾌한 골짜기uncanny valley를 경험하셨군요!"

재승쌤은 그러한 불쾌감은 인간의 자연스러운 감정이라고 설명했다. '불쾌한 골짜기'란 '인간과 무척 유사하되, 인간이 아닌 물체'에게서 사람들이 느끼는 불쾌한 감정을 일컫는다. 사람들은 대개 자신과 비슷한 로봇, 인형 등에 호감을 느끼고, 그 호감은 유사함이 커질수록 함께 증가한다. 적당히 인간의 꼴을 갖춘 산업용 로봇보다 조금 더 인간과 비슷한 휴머노이드에게 한층 친밀감을 느끼는 것도 그 때문이다. 그러나 이러한 유사성이 너무 짙어지면 친밀함은 오히려 공포와 불쾌감으로 바뀐다는 것이다. 사람의 신체를 가지고 움직이지만 살아 있는 인간은 아닌 좀비나 교익쌤이 본 것처럼 인간과 너무나 흡사한 로봇 등에게 느끼는 감정이 바로 그것이라고. '불쾌한 골짜기'라는 말은 이러한 친밀감과 인간 유사성의 상관관계가 급하강과 급상승으로 이어지면서, 이것을 나타낸 그래프가 깊은 골짜기의 모양을 하고 있는 데서 나왔다고 한다.

# ✦ 철판 위에서 볶아내는
# 애플과 구글 이야기

　춘천의 저녁 메뉴를 고르는 일은 수월했다. 춘천 닭갈비가 있었으니까! 이렇게 저녁 메뉴가 정해져 있었음에도 불구하고, 교익쌤과 재승쌤은 점심부터 춘천의 닭갈비 골목으로 갔다. 각 도시의 대표 메뉴라면 빠뜨리지 않는 교익쌤이 일반 닭갈비와는 다른, 숯불식 닭갈비를 먹어보자고 재승쌤을 설득한 것이다. 양념을 바른 닭고기를 석쇠에 굽는 숯불식 닭갈비는 춘천에서 어렵지 않게 찾아볼 수 있는 음식이다. 저녁에는 예정대로 우리가 흔히 아는 철판식 닭갈비를 먹었는데, 두 가지를 모두 맛본 교익쌤과 재승쌤은 우열을 가릴 수 없이 둘 다 맛있었다고 했다. 하지만 철판식 닭갈비에는 비밀 병기가 있었으니, 바로 볶음밥! 하여 결론은 철판식 닭갈비의 승리였다. 볶음밥은 입맛을 만족시키는 것을 넘어 색다른 이야깃거리를 던져주기도 했다. 여러모로 훌륭한 음식이다.

　남은 닭갈비 양념에 김과 밥, 콩나물 등을 넣은 볶음밥을 본 재승쌤은 스티브 잡스의 차고 이야기를 떠올렸다. 부모님 집

차고에서 애플을 창업한 스티브 잡스. 여기서 차고라는 공간이 중요한데, 그 이유는 온갖 잡동사니와 공구가 마련되어 있어서 아이디어가 떠오르면 곧바로 실행에 옮길 수 있는 준비된 장소이기 때문이다. 재승쌤은 이것이 남은 닭갈비 양념에 갖은 채소와 밥 등을 섞어 볶음밥을 만드는 것과 비슷하다고 했다. 너무 예상치 못한 비유여서, 처음엔 별로 와닿지 않았다. 그런데 곰곰 생각해보니, 이렇게 재료가 풍부하게 준비되어 있으면(닭갈비 양념과 김과 밥, 콩나물 등이 있으면) 얼마든지 생각한 것을 바로 펼칠 수 있겠구나(얼마든지 맛있는 볶음밥을 만들어낼 수 있겠구나), 무릎을 탁, 치게 되었다.

1998년의 어느 기자회견에서 빌 게이츠가 말했다. 마이크로소프트의 라이벌은 "어딘가의 차고에서 작은 회사를 세우고, 무엇인가를 만들어내려고 하는 젊은이들이다"라고. 바로 그해, 래리 페이지와 세르게이 브린은 차고에서 구글을 창업했다. 구글은 지금도 차고와 같은 공간을 마련해두고 직원들이 창의적인 실험을 할 수 있도록 돕는다고 한다.

그런데 진짜, 닭갈비 먹으면서 애플에 구글까지 소환할 일인가? 다시 생각해보니, 무릎을 쓰다듬으며 고개를 갸웃하게 된다.

알아두면 쓸 데 있는 **'춘천'**의 장소들

### 춘천막국수체험박물관

막국수를 주제로 한 박물관이다. 메밀면 뽑는
과정을 체험하고 시식도 해볼 수 있다.

 강원 춘천시 신북읍 신북로 264

### 책과인쇄박물관

책이 만들어지는 과정과 인쇄물의 변천 과정
을 한눈에 볼 수 있다. 고서부터 근현대 문학
서, 신문, 잡지, 교과서 등이 전시되어 있다.

 강원 춘천시 신동면 풍류1길 156

### 춘천 인형극장

인형극을 중심으로 한 어린이 극장이다. 매년
8월이면 국내외 인형극단들이 참가하는 춘천
인형극제가 열린다.

 강원 춘천시 영서로 3017

### 애니메이션박물관

커다란 '로보트 태권V'가 관람객을 맞이하는
박물관이다. 애니메이션의 제작 과정, 세계 각
국의 애니메이션 경향을 살펴볼 수 있다.

 강원 춘천시 서면 박사로 854

## 토이로봇관

흥미로운 로봇 기술을 직접 체험해볼 수 있고, 미니 로봇을 조작해 각종 로봇 스포츠 경기를 시연해볼 수 있다.

 강원 춘천시 서면 박사로 844

## 에티오피아한국전참전기념관

에티오피아 참전 용사들의 공훈과 희생정신을 기리기 위해 건립된 기념관이다.

 강원 춘천시 이디오피아길 1

## 김유정역 & 김유정 문학촌

소설가 김유정의 업적을 알리기 위해 그의 고향인 실레마을에 조성된 문학촌이다. 대표작 「봄봄」의 모티브가 된 곳이기도 하다.

 김유정역: 강원 춘천시 신동면 김유정로 1435
김유정문학촌: 강원 춘천시 신동면 김유정로 1430-14

## 강촌레일파크

김유정역에서 강촌역 구간을 달리는 레일바이크를 탈 수 있는 곳이다. 춘천의 정겨운 시골 풍광을 만끽할 수 있으며 주제별 터널 구간에서는 신나는 음악과 화려한 조명이 흘러나온다.

 강원 춘천시 신동면 김유정로 1383

## 제이드가든

'숲속에서 만나는 작은 유럽'을 콘셉트로 꾸며진 수목원으로 유럽식 정원, 식물원, 산책로 등 다양한 꽃과 나무 사이에서 휴식을 즐길 수 있는 힐링 공간이다.

📍 강원 춘천시 남산면 햇골길 80

## 닭갈비 골목

춘천의 최고 번화가 명동에 있다. 철판식 닭갈비와 숯불식 닭갈비를 모두 맛볼 수 있다.

 강원 춘천시 금강로62번길 9-1

## 이디오피아 집

한국 최초의 로스터리 전문 커피숍이다. 에티오피아의 셀라시에 황제가 직접 이름을 지어주었다.

 강원 춘천시 이디오피아길 7

**마르셀 프루스트의 『잃어버린 시간을 찾아서』**

모두 7편에 이르는 연작소설로, 저자와 동명인 주인공 마르셀이 홍차에 마들렌을 찍어먹다가 과거의 일들을 떠올리는 장면 덕분에 '프루스트 효과'라는 말이 유래되었다. 저자의 자전적인 이야기를 담고 있다.

📖 김희영 옮김, 민음사, 2012~

# CHAPTER 7

젊음의 도시로 거듭난
한옥의 고장
'전주'

# ✦벌써 마지막이라니……

마지막 여행지는 전주였다. 촬영장과 편집실을 오가는 일상이 세 달 가까이 반복된 터라 심신이 지쳐 있었지만, 그보다 더 우리를 힘들게 했던 건 아쉽고 섭섭한 마음이었다. 쌤들의 대화를 지켜보는 것이 오늘이 마지막이라니, 대체할 수 없는 즐거움을 잃어버리는 기분이었다. 네 명의 잡학박사에게 빠져 지냈던 일상이 그렇게 저물고 있었던 것이다.

쌤들과 제작진을 실은 버스가 전주 풍남문을 빙그르르 돌면서 전주에 도착했다. 7월 초, 때 이른 폭염은 버스에서 내린 우리를 당황하게 했다. 쌤들은 냉수를 들이켜고 부채를 부치면서도 버스에서 정한 대로 남부시장에서 국밥을 먹겠다는 결심을 바꾸지 않았다. 전주에 왔으니, 당연히 대표 음식인 콩나물국밥을 먹어야 한다는 것이었다. 두 명씩 짝지어 취향에 맞는 국밥집을 찾아간 쌤들은 흐르는 땀에도 아랑곳하지 않고 뜨거운 국에 밥을 말아 전주에서의 첫 식사를 마쳤다. 그러고는 모두 약속이나 한 듯 남부시장을 둘러보기 시작했다.

# ✦ "적당히 벌고 아주 잘 살자"

카메라 감독님조차 들어갈 수 없었던 조그만 식당에서 오징어가 잔뜩 들어간 콩나물국밥을 맛본 영하쌤과 MC희열은 남부시장 청년몰에서 후식을 먹기로 했다. 남부시장 청년몰은 독특한 공간이다. 한때 재래시장을 찾는 사람들이 드물어지면서 남부시장 2층은 텅 비어 있었다. 그런데 문화체육관광부의 주도 아래 재래시장에 활기를 불어넣고자 하는 프로젝트가 진행되었고, 청년들이 이곳에 새로운 삶의 터전을 잡기 시작했다. 그렇게 1년에 가까운 숙고의 시간을 거쳐 저마다의 개성을 가진 가게가 문을 열었다. 그 과정에서 남부시장 상인들의 도움도 컸다. 그들은 오랜 기간 쌓아온 장사 노하우를 아낌없이 전수해주었고, 새 식구가 될 청년들과 함께 머리를 맞대고 상생을 고민했다. 결과는 대성공이었다. 남부시장은 어느새 전통과 젊음이 공존하는 매력적인 공간으로 다시 태어났고, 전주 여행의 필수 코스로 자리를 잡았다.

무더위에도 아랑곳없이 청년몰은 활기가 넘쳤다. 많은 사람이 그곳에서 밥을 먹고 차를 마시다가 쌤들을 알아보고는 손을

흔들며 반가워해주었다. 쌤들은 한참 동안 시장을 돌며, 후식 메뉴를 깊게 고민했다. 커피와 수제 맥주, 와인 등의 음료에서부터 마카롱, 타르트, 수제 요거트 등의 이색적인 디저트까지, 정말 다양한 간식거리가 넘쳤다. 두 사람은 결국 와인 파는 가게로 들어갔는데, 더운 날씨에 차가운 샹그리아가 그만인 곳이었다.

청년몰의 매력에 푹 빠진 것은 순대국밥과 콩나물국밥을 사이좋게 나누어 먹은 시민쌤과 재승쌤도 마찬가지였다. 이들은 후식보다 가방과 향초 등의 잡화에 집중했다. "이런 데는 처음"이라며 감탄사를 연발하던 시민쌤은 이런저런 물건들을 잔뜩 구매했다. 콩기름으로 만든 향초와 고래 무늬가 찍힌 동전지갑 등 평소의 그와는 전혀 어울리지 않는 물건들로만 손을 뻗었는데, 알고 보니 모두 선물용이었다.

"우리 딸이 요즘 생태에 관심이 많거든요. 고래를 좋아할 것 같아서."

그곳에서 누구보다 깊은 감명을 받은 이는 재승쌤이었다. 박물관이나 과학관에서 이런저런 지식 채우기를 좋아하던 그가 "전주 하면 청년몰이죠!"를 외친 것이다. 그가 저녁 자리에서 밝힌, 청년몰에 반한 이유는 다름 아닌 '워라밸'이었다. 워라밸이란 '워크 앤드 라이프 밸런스work-life balance'의 줄임말로, 노동과 생활의 균형을 중시하는 삶의 태도를 일컫는 신조어다. 이 워라밸은 청년몰의 청년들에게 무척 중요한 가치다.

청년몰에 들어서자마자 위층으로 올라가는 계단에는 "적당히 벌고 아주 잘 살자"라는 글귀가 붙어 있다. 돈 버는 일에만 매달리지 말고, 삶의 즐거움과 여유를 찾자는 말일 테다. 청년몰을 거닐다 보면, 이내 이 말의 뜻을 제대로 느낄 수 있다. 다닥다닥 붙어 있는 작은 가게들을 지키고 있는 젊은 사장님들에게선 여유가 넘친다. 그들의 목적은 돈이 아닌 삶의 행복이기에 서두르거나 경쟁할 필요가 없다. 이러한 여유가 청년몰에서 뿜어져 나오는 활기의 비결인 셈이다.

저녁 자리에서도 쌤들은 이러한 공간이 더 많아졌으면 좋겠다고 입을 모았다. 일과 생활의 균형에서 오는 여유가 가진 에너지는 상상 이상이었다.

# ✦ 전주에서 만난 한지

영하쌤과 MC희열은 청년몰을 나와 전주한지박물관으로 향했다. 전주한지박물관에서는 한지로 만들어진 고문서뿐 아니라 공예품과 생활용품 등을 관람할 수 있으며, 종이의 역사에 대해서도 배울 수 있다.

둘은 한지와 종이의 역사를 알아보는 2층 전시관에서부터 관람을 시작했다. 지금의 종이가 탄생하기 전, 인류는 다양한 재료를 종이로 활용했다. 대표적인 것이 동물의 가죽, 그중에서도 양의 가죽으로 만든 종이인 양피지였다. 양피지로 100페이지짜리 책을 만들려면 양 10마리의 가죽이 필요했는데, 그러니 책 한 권 제작하는 데 수십 마리의 양을 죽여야 했다. 시간도 오래 걸리고, 가격도 당연히 비쌌다. 책 한 권이 저택 한 채 값과 맞먹을 정도였다고 하니 입이 떡 벌어진다. 게다가 완성품은 너무 무거워 지금처럼 책을 들고 다니는 일은 상상할 수도 없었다. 그곳엔 이러한 양피지 제작 과정이 작은 인형들로 형상화되어 있었는데, 귀여운 인형들이 보여주는 다소 살벌한 장면이 조금은 기괴하게 보이기도 했다.

종이가 처음 발명된 곳은 고대 중국으로 알려져 있다. 중국에서 한국으로 제지술이 들어온 시기는 정확하게 알 수는 없지만, 4세기 즈음일 것으로 추정된다. 한지가 활발히 제작되고 사용된 것은 조선 시대에 들어서였다.

1415년, 태종은 조지소를 설치해서 국가의 주도 아래 종이를 만들게 했다. 조선에서 한지는 다양한 용도로 활용되었다. 반짇고리나 물건을 담는 함, 각종 장식품, 심지어 특수한 용도의 옷까지 한지로 만들었다. 영하쌤과 MC희열은 이곳에서 한지로 제작한 옷과 항아리 등을 살펴보며 감탄사를 연발했다. 한지로 만든 요강도 있었다는 놀라운 사실은 저녁에 교익쌤을 통해서 들었다.

전시관 관람을 마친 영하쌤과 MC희열은 마지막 순서로 한지 만들기 체험에 나섰다. 한지를 만들려면 닥나무를 채취하여 삶고 말리는 등 상당히 여러 단계를 거쳐야 하는데, 박물관에서는 이중 가장 마지막 단계를 체험할 수 있었다. 원료와 닥풀이 섞인 잿물에 종이를 뜨는 발을 담근 뒤 이리저리 흔들어주는 일이다. 발을 잿물에 담근 채 여러 번 흔들다 보면 놀랍게도 발 위로 젖은 종이가 얇게 걸린다. 물론 초보자들에게는 종이를 건져 올리는 일이 쉽지 않다. 춘천에서 메밀 반죽을 손쉽게 빚어내던 영하쌤에게도 호락호락하지 않은 일이었다. 발을 들

고서 장인의 코치를 받아야 했으니까. 오히려 재능을 보인 쪽
은 MC희열이었다. 그는 피아노를 연주할 때 보였던 섬세함을
유감없이 발휘하며 얇고 매끄러운 종이를 만드는 데 성공했다.
이렇게 늘 발 벗고 나서서 열심히 해주는 출연자들이 있어서
얼마나 고마웠는지 모른다.

# ✦지금, 나는 어떤 얼굴로 살고 있을까?

　영하쌤과 MC희열의 다음 코스는 국립전주박물관이었다. 이곳은 전라북도의 역사를 보여주는 유물과 민속 자료 등을 무려 4만여 점이나 보유하고 있는 대형 박물관이다. 쌤들은 이곳에서 꼭 보고 싶은 유물을 미리부터 정해두었다. 바로 태조와 영조, 두 왕의 어진이다. 어진이란 왕의 초상화를 뜻한다. 한국 역사상 왕권이 어느 때보다 드높았던 조선 시대, 왕의 초상화는 곧 왕의 분신과 같았다. 어진을 이전하는 행렬에만 300여 명이 동원되었다고 하니, 그 위상을 알 만하다.

　27대의 조선 왕 중 진짜 얼굴을 알 수 있는 왕은 많지 않다. 어진과 사진을 모두 남긴 고종과 순종, 그리고 현재까지 어진이 전해지는 태조, 세조, 영조, 철종 이렇게 6대가 전부이다. 조선 왕실에서는 통상적으로 10년에 한 번꼴로 어진을 그렸기에 모든 왕은 어진이 있어야 한다. 그런데 임진왜란과 병자호란 등 국란을 겪는 동안 대부분 소실되었다.

　태조의 어진 역시 화재로 절반이 타버린 적이 있었지만, 그의 얼굴은 지금까지 잘 전해지고 있다. 어떻게 이런 일이 가능할까? 바로 조선의 '백업 시스템' 덕분이다. 조선 왕실은 왕의 초상화를 주기적으로 이모移模하여 여러 군데에 분산해 보관했다. 전란이나 화재 등으로 한곳의 어진이 소실되더라도 다른 곳에 남아 있을 수 있도록 한 일이다. 이때 이모란, 서화를 보고 따라 그려 이모본을 만드는 것이다. 말하자면 그 시대의 '수제 복사하기'와 같다. 우리가 지금도 조선 왕의 얼굴을 볼 수 있는 것은 바로 이 까다로운 이모 작업 덕분이다.

"어깨가 거의 럭비부 수준인데요?"

태조의 어진을 보고 그 풍채에 놀란 MC희열이 한 말이다. 영하쌤도 "멀리서 봐도 기세가 장난이 아니다"라며 감탄했다. 과연 넓은 어깨에 푸른 곤룡포를 두르고 정면을 응시하는 태조의 어진에서는 두려움 없이 운명을 개척한 군주의 기운이 느껴졌다. 그런데 바로 옆에 전시된 영조의 어진은 분위기가 사뭇 달랐다. 다소 왜소한 체격에 날 선 눈빛을 지닌 영조의 모습에서는 평생 강박증에 시달렸던 그의 삶이 저절로 떠올랐다. 사람의 얼굴에는 어쩔 수 없이 그 사람의 내면이 드러나기 마련인가 보다.

이러한 내면 풍경이 더욱 두드러지는 그림은 그리는 이와 그리는 대상이 같은 자화상일 것이다. 저녁 자리에서 교익쌤은 조선 초상화의 백미라 불리는 윤두서의 자화상 이야기를 꺼냈다. 그림 속 윤두서는 형형한 눈빛으로 정면을 응시하는데, 두 눈에선 지식인으로서의 고뇌와 불안 등이 엿보인다. 사실 자화상을 이렇듯 정면으로 그린 그림은 동서양을 통틀어 매우 드물다. 보통은 자세를 조금 틀어 측면의 얼굴을 그리는데, 거울 속 자신과 정면으로 마주 보고 자신의 내면을 들여다보는 일이 무척 어렵기 때문이다.

그러나 시민쌤은 자기 자신의 얼굴을 마주 보고 마음을 살피는 작업이 꼭 필요하다고 했다. 정치인으로서의 은퇴를 고민하던 때, 그는 자신의 얼굴에서 답을 구했단다. 포털 사이트 검색창에 자신의 이름을 입력한 뒤, 그는 검색된 거의 모든 이미지를 꼼꼼히 살펴보았다. 정치계에서 자신이 어떤 시간을 보냈는지 알고 싶었기 때문이다. 그렇게 그는 지난 세월, 자신이 겪은 고통을 마주 보게 되었다고. 결국 그는 정치계를 떠났다. 시민쌤은 다른 쌤들에게, 그리고 카메라 밖의 제작진 모두에게 말했다. 자신이 어떤 얼굴로 살아가고 있는지를 반드시 살펴보아야 한다고 말이다.

# ✦인생의 한 페이지를 장식한 영화들

전주의 밤을 그대로 끝낼 수 없었던 쌤들은 막걸리집에서 마지막 잔을 부딪히며 아쉬움을 달랬다. 밤이 깊을수록 쌤들의 수다도 함께 깊어졌다. 어느새 전주영화제가 화두에 올랐다. 2000년 시작되어 독립적이고 실험적인 국내외 작품들을 소개해온 전주영화제는 매년 늦봄, 우리나라는 물론 전 세계의 영화광들이 찾는 명실상부한 국제 영화제로 자리 잡았다.

곧 쌤들의 '내 인생의 영화' 이야기가 이어졌다. MC희열은 동화 같은 로맨스의 고전인 〈로마의 휴일〉을, 재승쌤은 주제곡의 선율을 떠올리는 것만으로도 마음이 따뜻해지는 〈시네마 천국〉을, 시민쌤은 화려한 액션이 인상적인 통쾌한 복수극 〈장고: 분노의 추적자〉를, 영하쌤은 파란만장한 시대사를 어둠의 세계를 통해 적나라하게 보여주는 걸작 〈대부〉를, 교익쌤은 환상적인 이야기만큼이나 예술적인 영상미를 보여주는 〈라이프 오브 파이〉를 각각 자신의 인생작으로 꼽았다. 쌤들 각자의 취향이 듬뿍 묻어나는 작품들은 제목만으로도 다시 한번 보고 싶은 마음이 들게 했다.

조용히 이야기를 듣던 재승쌤이 오래전 영화를 보고 쓴 칼럼에서 시작된 비극적인 사건이 떠올랐다며, 젊은 날의 에피소드 하나를 꺼냈다.

대학원생 시절, 그는 한 잡지에 영화에 대한 칼럼을 연재했다. 영화에서 연출된 신기한 장면들을 선정해 그것이 과연 과학적으로 가능한지 따져보는 글이었다. 문제의 칼럼은 영화 〈덤 앤 더머〉에 대한 것이었다. 그는 짐 캐리가 방귀를 뀔 때 엉덩이에 라이터를 가져다 대고 불을 붙이는 장면을 소개하고, 실제로 인간의 방귀에는 불이 붙을 수 있는 원료인 메탄과 수소가 들어 있기 때문에 이 장면은 과학적으로 가능하다는 내용을 실었다. 그 후, 그의 칼럼을 관심 있게 읽은 한 방송작가에게서 연락이 왔다. 그 당시 화제의 예능 프로그램이었던 〈호기심 천국〉의 작가였다. 그 방송작가는 재승쌤의 칼럼에 소개된 이야기를 방송에서 직접 보여주고 싶다고 했고, 거기서 더 나아가 괜찮다면 그가 직접 '방귀 박사'가 되어 방송에 참여해주었으면 한다는 제안도 함께 전했다.

대학원생 신분이었던 재승쌤은 혹 자신의 방송 출연이 학생 신분에 맞지 않는 일일지 모른다는 생각에 지도 교수님에게 방송 출연을 의논했다. 그런데 지도 교수님이 뜻밖의 걱정을 했다. 아직 박사 '과정' 중에 있는 그가 방귀 '박사'라고 소개되는 게 곤란하다는 것이었다. 재승쌤은 〈호기심 천국〉 제작진과 자신의 호칭에 대해 '방귀 석사', '방귀 박사 과정' 등을 놓고 고민한 끝에, 결국 출연을 반려하고 말았단다.

　재승쌤의 출연은 불발되었지만, 방송은 예정대로 진행되었고, 그의 칼럼대로 실험은 대성공을 거두었다. 심지어 이 에피소드는 〈호기심 천국〉의 레전드 편으로 아직까지 회자된다. 비극은 그다음에 벌어졌다. 박사 과정을 이수하는 내내 재승쌤은 동료들로부터 '방귀 박사'라는 별명을 떨치지 못했다고…….

# 전주에서의 먹부림을 기대하며

저녁 식사 장소는 전주의 명물인 막걸리 골목으로 정해졌다. 전주 막걸리 골목의 막걸리집에는 메뉴판이 없다. 인원에 맞춰 여러 종류의 안주가 푸짐하게 차려지고 막걸리를 추가할 때마다 안주가 더해지는 식이다. 전주식 맑은 막걸리도 무척이나 인상적이었다. 전주에서는 막걸리의 윗부분만을 떠낸 맑은 막걸리를 주로 마시는데, 일반 막걸리보다 상쾌하고 깔끔한 맛이 난다. 쌤들은 푸짐하게 차려진 술상에 감탄했고, 여러 종류의 안주 맛에 전주 음식 예찬을 늘어놓았다. 사실 전주의 저녁 식사를 정하기는 어느 때보다 힘들었다. 후보가 너무나 많았기 때문이다.

그럼 후보로 삼은 전주의 대표 메뉴를 지금부터 하나씩 싫어 보겠다. 첫 번째로, 전주 하면 가장 먼저 떠오르는 전주비빔밥이다. 흰밥 위에 알록달록 올려진 갖가지 나물과 그 한가운데에 얹어진 볶은 소고기, 붉은 양념장으로 비주얼에서부터 한국 본연의 멋이 살아 있는 대표급 메뉴다. 맛이야 두말하면 잔소리. 그다음은 한 상 차림의 진수를 경험할 수 있는 전주 한정식이다. '상다리가 부러진다'라는 말을 체험하고 싶다면 당장 전주에 가야 한다. 전주는 다양한 종류의 반찬이 넓은 밥상에 끝도 없이 차려지는 한정식으로 유명하다. 가게마다 메뉴는 조금씩 다르지만, 보통은 떡갈비가 함께 나온다. 마지막으로 전주 여행의 필수 코스로 입소문을 타고 있는 가맥집이 있다. '가맥집'이란 '가게 맥줏집'의 줄임말로, 낮에는 슈퍼로 운영되다가 밤이 되면 맥주를 파는 가게를 말한다. 특제 소스를 찍어 먹는 황태, 도톰한 갑오징어, 라면과 과자, 통조림 등 여러 가지 안주를 만나볼 수 있다.

이토록 맛있고 매력적인 메뉴가 많았지만, 우리의 최종 선택은 막걸리집이었다. 그러나 개인적으로 다시 전주를 찾는다면 꼭 다 먹어볼 것이다. 아마 쌤들의 마음도 같지 않을까? 이 글을 읽는 독자들도 위장이 허락하는 선에서, 모두 먹어보길 바라는 마음이다. 언젠가 부른 배를 쓰다듬으며, 전주의 북적이는 음식점에서 서로 우연히 만날지도 모르는 일 아닌가.

# ✦ 알아두면 쓸 데 있는 '전주'의 장소들

## 남부시장 & 청년몰

조선 시대에 전주성 밖에서 열리던 '남문장'에서부터 시작된 전통시장이다. 청년몰은 1999년 화재 이후 창고로 쓰이던 남부시장 2층을 활용해 들어섰다. "적당히 벌고, 아주 잘 살자"라는 모토로 청년 상인들이 만들어가는 복합 문화 쇼핑 공간이다. 아기자기한 카페와 가게들이 들어서 있으며 포토존 으로도 제격이다!

📍 남부시장: 전북 전주시 완산구 풍남문1길 19-3  남부시장 청년몰: 전북 전주시 완산구 풍남문2길 53

## 전동성당

우리나라 첫 순교자가 처형당한 자리에 지어진 성당이다. 영화 〈약속〉에서 박신양과 전도연이 슬픈 결혼식을 올린 곳으로 유명하다.

📍 전북 전주시 완산구 태조로 51

## 학인당 고택

1908년에 완공된 전주 한옥마을에서 가장 오 래된 고택으로, 백범 김구 선생이 머물렀던 곳 이기도 하다.

📍 전북 전주시 완산구 향교길 45

## 전주영화종합촬영소 & 영화의 거리

지방자치단체가 직접 설립한 최초의 촬영 공간인 전주영화종합촬영소에서는 영화 〈쌍화점〉을 시작으로, 〈전우치〉, 〈사도〉 등의 작품이 촬영되었다. 전주국제영화제가 열리는 '영화의 거리'에는 영화를 주제로 꾸며진 벽화와 조형물이 있다.

📍 영화종합촬영소: 전북 전주시 완산구 원상림길 125-14  영화의 거리: 전북 전주시 완산구 고사동

## 풍패지관

조선 시대에 세워진 객사로 전주를 찾아온 관리들과 사신들이 숙소로 머물던 곳이다. 현재는 시민들의 쉬어가는 공간으로 개방되어 있다.

📍 전북 전주시 완산구 충경로 59

## 한지박물관

고려와 조선 시대의 불교 경전, 한지류, 한지 공예품 등의 전시품을 둘러볼 수 있으며 한지 만들기 체험도 가능하다.

📍 전북 전주시 덕진구 팔복로 59 ㈜전주페이퍼

**국립전주박물관**

조선 왕조 유물과 함께 고대부터 현대까지 전라북도의 발전사를 들여다볼 수 있다.

 전북 전주시 완산구 쑥고개로 249

**교동미술관**

1980년대까지 내의류 생산 공장이 있던 자리에 세워진 미술관이다. 봉제 공장의 흔적을 그대로 보존해 공장의 내부를 전시관으로 만들었다.

 전북 전주시 완산구 경기전길 89

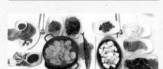

**막걸리 골목**

푸짐하게 차려지는 음식과 맑은 막걸리를 맛볼 수 있다.

 전북 전주시 완산구 삼천동1가

**현대옥 남부시장점**

1979년 전주 남부시장에 개업한 콩나물국밥 집이다. 뜨거운 국물로 식은 밥과 콩나물을 토렴하여 국밥을 내고, 수란을 따로 제공하는 '남부시장식' 콩나물국밥의 원조로 알려져 있다.

🍴 전북 전주시 완산구 풍남문2길 63

## ✦ 잡학박사들의 Cinema Pick!

### 〈로마의 휴일〉

MC희열의 추천작이다. 이 영화를 수십 번 다시 봤다는 그는 동화같이 아름다운 사랑 이야기에 볼 때마다 눈물이 난다고 한다. 왕실의 제약을 벗어나고자 거리로 뛰쳐나간 공주(오드리 햅번)와, 신사로 위장했지만 실은 특종을 노리는 신문기자(그레고리 펙)가 사랑에 빠지는, 로맨스 영화의 고전이다.

 윌리엄 와일러 감독, 1953

### 〈시네마 천국〉

재승쌤의 추천작이다. 작은 시골 마을의 영사기사 알프레도(필립 느와레)와 그런 알프레도를 유난히 잘 따르는 소년 토토(살바토레 카스치오)가 나이를 뛰어넘은 우정을 나누는 이야기다. 영화와 인생에 대한 깊고도 따뜻한 시선이 돋보이는 명작이다.

 쥬세페 토르나토레 감독, 1988

### 〈장고: 분노의 추적자〉

시민쌤의 추천작이다. 흑인 노예였던 장고(제이미 폭스)가 최고의 총잡이로 거듭나, 자신을 괴롭힌 백인 농장주에게 복수하고 아내를 구출하는 내용이다. 화려한 액션과 당한 만큼 돌려주는 이야기가 카타르시스를 느끼게 하기에 부족함이 없다.

 쿠엔틴 타란티노 감독, 2012

### 〈대부〉 시리즈

영하쌤의 추천작이다. 주인공 마이클(알 파치노)은 마피아 가문에서 태어났지만 명문대에 진학해 번듯한 삶을 살고자 한다. 그러나 운명은 그를 조직으로 이끌고, 마피아 두목이 된 그는 어둠의 세계로 들어간다. 거부할 수 없는 운명에 굴복하는 나약한 인간을 보여주는 세기의 명작이다.

 프란시스 포드 코폴라 감독, 1972~1990

### 〈라이프 오브 파이〉

교익쌤의 추천작이다. 호랑이, 얼룩말, 하이에나와 함께 구명정을 타고 바다를 표류하는 소년 파이(수라즈 샤르마)는 이들과 함께 놀랍고 아름다운 경험을 한다. 그러나 표류 끝에 육지에 발을 디딘 파이의 말을 사람들은 쉽게 믿지 못한다. 종교와 이야기의 힘에 대해 생각할 수 있는 아름다운 영화다.

 이안 감독, 2012

# 그때, 진짜 재밌었는데……

이 책에서 이야기를 풀어놓는 '우리'는 누구일까? 아마 '이 이야기는 저자 넷 중에 누가 쓴 거지?' 하고 궁금해할 독자도 있을지 모르겠다. 그런데 챕터별로, 혹은 문단별로 저자를 나눠 쓰기는 어려운 일이었다. 원고를 쓰는 동안, 우리 네 명은 단톡방에서 끝도 없이 촬영 당시의 이야기를 나눴다. '교촌마을 기억나는 사람?' '전주 막걸리집에서 뭐가 젤 맛있었지?' 하고 서로 정보를 공유하며, 한 장 한 장을 다 함께 완성했다. 방송 〈알쓸신잡〉이 그랬듯 말이다. 우리가 그 단톡방에서 가장 많이 했던 말이 있다.

"그냥, 다시 촬영장 가고 싶다."

촬영장에는 이상한 힘이 있다. 처음 만난 사람들도 하나의 팀으로 만들어주는 힘. 방송에 익숙하지 않은 쌤들이 모인 〈알쓸신잡〉에서도 그 힘은 여지없이 발휘되었다. 회차가 거듭될수록, 쌤들도 우리도 점점 〈알쓸신잡〉이라는 이름으로 하나의 팀이 되어갔다. 그래서일까? 원고를 쓰는 동안 외롭다는 느낌이 부쩍 들었다. 촬영할 때는 쌤들과도 스태프들과도 떨어질 일이 거의 없었는데, 그 기억을 혼자 노트북 앞에 앉아 되새김 하려니 기분이 영 이상했다. '그때 진짜 재밌었는데' 하고 혼자서 웃다가 왠지 모르게 서글퍼진 적도 많다.

〈알쓸신잡〉으로 책을 써보자는 제안을 받았을 때, 처음에는 방송만 생각했다. 방송에 나간 이야기를 글로 옮긴다고만 생각 했던 거다. 그런데 쓰다 보니 떠오르는 일이 너무 많았다. 비록 그 모든 기억을 오롯이 담아내지는 못했지만, 그래도 책을 쓰게 돼서 다행이라고 생각한다. 이 책이 아니었으면 〈알쓸신잡〉을 만들면서 느꼈던 이런저런 감정을 쏟아놓을 데가 없었을 것이다. 방송 〈알쓸신잡〉에 담았던 소중한 이야기들이 책이라는 매체로 다시 세상에 나오게 되어서 기쁘다. 방송과는 또 다르게, 그러면서도 그때처럼 재밌게 독자에게 남는 책이 되었으면 좋겠다. 여기까지 읽어온 독자의 표정이 아주 밝았으면, 하고 바란다.

2020년 5월

양정우, 양슬기, 이향숙, 뮤지은

# 알쓸신잡 SEASON 1

알아두면 쓸데없는 신비한 잡학사전

ⓒ 양정우 양슬기 이향숙 문지은

1판 1쇄  2020년 6월 1일
1판 4쇄  2023년 3월 16일

지은이  양정우 양슬기 이향숙 문지은
펴낸이  지영주

편집  김필균 장서원
디자인  송윤형  일러스트  새벽
마케팅  김진희 한주희 이상은 정지혜 조영흠 김민지
경영지원  김은선 백종임
사진 진행  북앤포토

펴낸곳  ㈜블러썸크리에이티브_블러썸북스
출판등록  2017년 5월 26일 제2019-000028호
주소  경기도 고양시 덕양구 덕은1로 5 2층
전화  070-7770-8838
팩스  02-3158-5321
홈페이지  http://www.blossombooks.co.kr
전자우편  books@blossomgroup.co.kr
인스타그램  www.instagram.com/blossom_giant_books/

ISBN  979-11-970543-0-3 03900